Spiele Bibliothek

Josef Weiss

Spielend Bridge lernen

Vom gleichen Autor ist ein Buch für Fortgeschrittene »Besser Bridge spielen« erschienen, von Victor Mollo und Nico Gardener »Spieltechnik im Bridge«, beide im Falken-Verlag.

ISBN 3 8068 2012 0

© 1976/1981 by Falken-Verlag GmbH, 6272 Niedernhausen/Ts.
Alle Rechte vorbehalten
Umschlagfoto: Axel Ruske
Gesamtherstellung: Konkordia GmbH für Druck und Verlag, Bühl/Baden

Inhalt

Plädoyer für ein Spiel	6
Die Farben des Spiels und ihre Rangfolge	8
Die Karten und ihr Wert	9
Platzwahl und Austeilen der Karten	11
Ordnen Sie Ihr Blatt	13
Ziel des Spieles	16
Der Stichwert der Farben	17
Wie das Reizen vor sich geht	18
Regeln für den Spielablauf	21
Wie man Stiche macht	24
Zusätzliche Stichmöglichkeiten	28
Ansagbare Farben	32
Die Trumpfunterstützung	35
Ausgeglichene und unausgeglichene Blätter — Verteilungspunkte	36
Eröffnung »Eins in Farbe«: Nur eine Länge	37
Eröffnung »Eins in Farbe«: 2 Fünferlängen	39
Eröffnung »Eins in Farbe«: 2 Viererlängen	40
Eröffnung des Blattmusters 4 : 4 : 4 : 1	41
Eröffnung mit 2 ungleichen Längen	42
Die vorbereitende »1 Treff«-Eröffnung	43
Antworten des Partners	45
Das Wiedergebot des Eröffners	51
Der Schlemm und wie man ihn reizt	59
Das Wiedergebot des Partners	63
Sans-Atout-Eröffnungen und Antworten	67
Eröffnungen »Zwei in Farbe« und höher	73
Verteidigungsansagen	77
Das Strafkontra	81
Beispiele für die Reizung	83
Planung und Durchführung der Spiele	89
Das Gegenspiel	95
Das Anschreiben oder Scoren	99
Werttabelle für das Anschreiben	101
Kleines Bridge-Lexikon	103

Plädoyer für ein Spiel

Einsichten und Spielvorbereitungen

Wir gratulieren Ihnen. Mit dem Kauf dieses Büchleins haben Sie sich entschlossen, ein Spiel zu lernen, das besonders unterhaltsam und geistreich ist: Bridge. In wenigen Jahrzehnten hat es über 50 Millionen Menschen aller Stände und Berufe in seinen Bann gezogen. Auch Sie werden von diesem Spiel bald gefangen sein, denn wer es einmal gelernt hat, den läßt es nicht mehr los.

Sein Reiz ist so groß, daß viele sich nicht damit begnügen, es im Familien- oder Freundeskreis zu spielen. Sie betreiben es als Sport oder auch wissenschaftlich und fahren zu Turnieren im In- und Ausland. In allen Ländern der Welt gibt es unzählige Clubs, zu denen man ohne Rücksicht auf seine Nationalität Zutritt hat, wenn man das Spiel nur einigermaßen beherrscht. Wer Bridge spielen kann, dem stehen Tür und Tor offen.

»Sie können nicht zu jung sein, um Bridge zu lernen, aber auch nicht zu alt«, schreibt der englische Bridgeautor Terence Reese in einem seiner Bücher für Anfänger. Und in der Tat, Bridge kann jeder erlernen, der bereit ist, etwas Zeit und Geduld aufzubringen. Wir wollen es Ihnen dabei so leicht wie möglich machen. Deshalb benutzt das vorliegende Buch bewußt erstmals die Form der programmierten Unterweisung.

Diese neuartige Methode macht es Ihnen besonders leicht, sich die Grundbegriffe und Feinheiten des Spieles im Selbststudium Schritt für Schritt einzuprägen. Immer wieder werden Testfragen gestellt, die es zu beantworten gilt. Auf diese Weise können Sie sich ständig prüfen, ob Sie das Gelernte richtig verstanden und behalten haben. Die Fragen sind außerdem so gewählt, daß sie weitere Beispiele geben und das Spiel weiter veranschaulichen. So werden Sie am Ende alle Voraussetzungen haben, um durch Übung ein Meister dieses Spiels zu werden. Wir wünschen Ihnen dazu viel Vergnügen und guten Erfolg.

Sollten Sie zwischendurch einmal auf einen Begriff stoßen, den Sie zwar schon einmal gehört, dessen Bedeutung Sie aber wieder vergessen haben, dann schlagen Sie einfach im »Kleinen Bridge-Lexikon« nach; Sie finden es am Ende dieses Buches.

Spielvorbereitungen

Bridge wird von vier Personen gespielt. Bitte besorgen Sie sich also zunächst drei Mitspieler. Der Name »Bridge« bedeutet Brücke: Brücke der Verständigung zwischen den Partnern. Es ist also ein Partnerspiel, in dem zwei Partner gegen zwei andere spielen. Wie die Partner sich finden und wie sie sich verständigen, erfahren Sie ein paar Seiten weiter. Zunächst sollten Sie noch die richtigen Spielkarten bereitlegen.

Sie brauchen ein Kartenspiel mit 52 Karten. Üblicherweise benützt man abwechselnd zwei Pakete, also zweimal 52 Karten, mit verschiedenfarbiger Rückseite, z. B. rot und blau. Sie können Ihr Rommé-Spiel dazu nehmen, falls Sie eines haben. Nur nehmen Sie bitte die Joker vorher heraus. Beim Bridge gibt es sie nicht.

So, nun brauchen Sie nur noch vier Notizblocks und Schreibstifte zum Anschreiben, die Sie jedem Spieler aushändigen. Und schon kann es losgehen:

Die Farben des Spiels und ihre Rangfolge

Wir betrachten uns zunächst einmal das bereitliegende Kartenspiel. Bitte sehen Sie es sich genau an.
Der Begriff »Farbe« hat wie in anderen Kartenspielen nichts mit »rot« oder »schwarz« zu tun. Es gibt zwei rote Farben und zwei schwarze Farben. Sie heißen von links nach rechts:

Pik Coeur Karo Treff
(sprich: köhr)

Andere Benennungen — etwa Herz statt Coeur oder Kreuz statt Treff — sind beim Bridge nicht üblich und sollten gemieden werden.
Die obige Reihenfolge der Farben von links nach rechts stellt auch ihre Rangfolge dar. Bitte merken Sie sich diese Rangfolge genau. Sie ist anders, als Sie es vielleicht vom Skatspiel her gewohnt sind.
Und noch einige Begriffe müssen Sie sich einprägen: Pik und Coeur sind die Oberfarben, Karo und Treff sind die Unterfarben. Die Oberfarben nennt man auch Edelfarben oder Majorfarben; die Unterfarben nennt man unedle oder Minorfarben.

Die Karten und ihr Wert

Von jeder Farbe gibt es 13 verschiedene Karten. Die folgende Abbildung zeigt am Beispiel der Farbe Coeur von links nach rechts die Rangfolge der Karten vom höchsten zum niedrigsten Wert:

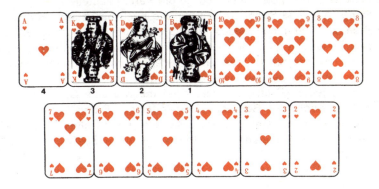

Die Rangfolge der Karten innerhalb einer Farbe ist also leicht zu merken. Zuerst kommt das As, dann folgen die »Bilder« König, Dame, Bube und dann die übrigen Karten entsprechend ihrem Nennwert. Die fünf höchsten Karten jeder Farbe — also das As, der König, die Dame, der Bube und die Zehn — nennt man auch die Honneurkarten oder kurz die Honneurs (sprich: onöhrs).

Nun zu dem Punktwert der Karten. Beim Bridge wird nicht von Augen gesprochen, sondern man bewertet nach Punkten. Die Zahlen, die Sie unter den ersten vier Honneurkarten in der obigen Abbildung finden — also 4, 3, 2 und 1 —, stellen den Punktwert der vier Figuren dar. Demnach hat das As (abgekürzt: A) 4 Punkte, der König (abgekürzt: K) 3 Punkte, die Dame (abgekürzt: D) 2 Punkte und der Bube (abgekürzt: B) 1 Punkt. Die fünfte Honneurkarte, die 10, sowie alle anderen Karten haben keinen Punktwert.

Diese Punkte sind nur ein Hilfsmittel für die spätere Reizung; man zählt sie vor dem Reizen insgeheim zusammen, um die »Stärke« seines Blattes zu bestimmen. Je mehr Honneurs ein Blatt also enthält, desto stärker ist es.

Da jede Farbe 4 + 3 + 2 + 1 = 10 Punkte hat, sind im ganzen Spiel 40 Punkte, von denen man mindesten $1/3$ = 13 Punkte haben muß, um ein Eröffnungsgebot abgeben zu können. Doch davon später.

Jede Figur, außer dem As, ist um einen Punkt weniger wert, wenn sie ungeschützt ist, d. h. ohne kleine Nebenkarten steht. So zählt zum Beispiel der blanke König nur 2 Punkte, die blanke Dame nur einen Punkt und der blanke Bube gar keinen Punkt.

Bitte merken Sie sich diese Bewertung jetzt schon, Sie werden sie bald wieder benötigen. Zunächst aber wollen wir erst einmal die Partner und damit die Sitzordnung bestimmen sowie die Karten austeilen.

Anmerkung: Auf eine Sache wollen wir Sie noch hinweisen: Für das Reizen haben wir Ihnen nur dieses eine System der Figurenbewertung beschrieben. Es ist das sogenannte Goren-System, und wir haben uns darauf beschränkt, weil es am leichtesten zu erlernen und zu durchschauen ist. Außerdem reicht es für den Anfang völlig aus. Natürlich beherrscht jeder gute Spieler, jeder »Profi«, mehrere Systeme wie zum Beispiel das Culbertson-, das Acol-, das Römische-Treff- oder das Blue-Club-System. Das sollte Sie aber zunächst nicht stören. Sie können das alles ja später noch dazulernen. Unser Anliegen ist es, Ihnen vor allem Spaß am Bridgespiel zu vermitteln.

Platzwahl und Austeilen der Karten

Wie Sie schon wissen, ist Bridge ein Partnerspiel. Die Partner — die beiden Spieler eines Paares — sitzen einander gegenüber. Man pflegt sie mit den Namen der Himmelsrichtungen als Nord — Süd und Ost — West zu bezeichnen, und diese Namen wollen auch wir verwenden.

Die Partner werden, wenn keine andere Absprache getroffen worden ist, so ausgelost: Jeder Spieler zieht aus dem verdeckt auf dem Tisch liegenden Kartenpaket eine Karte heraus. Die zwei Spieler mit den höchsten Karten bilden das eine, die beiden anderen mit den niederen Karten das andere Paar. Bei gleicher Höhe von zwei oder mehreren Karten entscheidet die Rangfolge der Farbe.

Wer die höchste Karte gezogen hat, hat die Platzwahl und kann bestimmen, ob mit dem roten oder dem blauen Kartenpaket zuerst gespielt wird.

Das von ihm bestimmte Paket teilt er als erster aus. Vorher läßt er es aber von seinem linken Gegner mischen und von seinem rechten Gegner abheben. Dann gibt er — nach links beginnend — im Uhrzeigersinn alle Karten einzeln aus. Jeder Spieler muß schließlich insgesamt 13 Karten in der Hand haben.

Inzwischen mischt der Partner des Teilers das zweite Paket für die nächste Austeilung vor und legt es rechts neben sich ab. Ausgeteilt wird es dann im zweiten Spiel jeweils vom linken Nachbar des vorherigen Teilers; und so geht es immer im Uhrzeigersinn weiter.

Es gehört zum guten Ton, die Karten erst dann aufzunehmen, wenn das Austeilen beendet ist.

Wir wollen das gleich an einem Beispiel demonstrieren und nehmen einmal an, daß Süd die höchste Karte gezogen hat und damit als erster die Karten austeilt.

Beispiel für das Austeilen und Mischen:

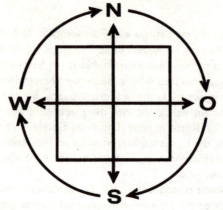

Im zweiten Spiel teilt West das von Nord bereits vorgemischte Paket aus, nachdem Süd zuvor abgehoben hat. Ost mischt währenddessen das im ersten Spiel gebrauchte Kartenpaket für das dritte Spiel vor.

Ordnen Sie Ihr Blatt

Nehmen Sie jetzt bitte Ihre 13 Karten auf und ordnen Sie diese zunächst nach den Farben und dann innerhalb der Farben nach dem Rang. Um den Kartenfächer übersichtlich zu machen, empfiehlt es sich, die zwei roten bzw. schwarzen Farben nicht nebeneinander zu stecken, sondern in bunter Reihenfolge. Sie laufen dann nicht Gefahr, sich zu versehen. Zum Beispiel:

oder:

Test 1

Sie haben nun die Karten und ihre Ordnung kennengelernt. Können Sie die folgenden Fragen auf Anhieb beantworten?

Fragen:

I. Welche Farbe ist ranghöher?
   1. Coeur oder Karo?
   2. Coeur oder Pik?
   3. Karo oder Pik?
   4. Treff oder Karo?
   5. Treff oder Coeur?
   6. Pik oder Treff?

II. Wieviel Punkte sind zusammen:
   1. 1 As, 2 Könige und 3 Buben?
   2. 3 Asse, 2 Damen und 1 Bube?
   3. 3 Könige, 3 Damen und 2 Buben?
   4. 2 Asse, 4 Könige, 2 Damen und 1 Bube?
   5. 4 Asse und 3 Damen?
   6. 1 As und 1 Bube?
   7. 2 Könige, 2 Damen und 4 Buben?
   8. 1 König, 3 Damen und 2 Buben?
   9. 1 As, 3 Damen und 1 Bube?
   10. 3 Asse, 2 Könige und 2 Buben?

III. Wieviel Punkte haben die Austeilungen auf Seite 13?

IV. Vier Spieler — A, B, C und D — haben die nachstehenden Karten gezogen. Wer spielt mit wem?

Spieler A	Spieler B	Spieler C	Spieler D
1. Pik 9	Coeur D	Karo 9	Coeur 5
2. Treff K	Coeur 4	Treff 7	Coeur 7
3. Karo 2	Treff A	Pik 8	Karo 8

Antworten:

I. 1. Coeur ist ranghöher als Karo
   2. Pik ist ranghöher als Coeur
   3. Pik ist ranghöher als Karo
   4. Karo ist ranghöher als Treff
   5. Coeur ist ranghöher als Treff
   6. Pik ist ranghöher als Treff

II. 1. $1 \times 4 + 2 \times 3 + 3 \times 1 = 13$ Punkte
  2. $3 \times 4 + 2 \times 2 + 1 \times 1 = 17$ Punkte
  3. $3 \times 3 + 3 \times 2 + 2 \times 1 = 17$ Punkte
  4. $2 \times 4 + 4 \times 3 + 2 \times 2 + 1 \times 1 = 25$ Punkte
  5. $4 \times 4 + 3 \times 2 = 22$ Punkte
  6. $1 \times 4 + 1 \times 1 = 5$ Punkte
  7. $2 \times 3 + 2 \times 2 + 4 \times 1 = 14$ Punkte
  8. $1 \times 3 + 3 \times 2 + 2 \times 1 = 11$ Punkte
  9. $1 \times 4 + 3 \times 2 + 1 \times 1 = 11$ Punkte
  10. $3 \times 4 + 2 \times 3 + 2 \times 1 = 20$ Punkte

III. 1. $1 \times 4 + 1 \times 3 + 3 \times 2 + 1 \times 1 = 14$ Punkte
  2. $1 \times 4 + 1 \times 3 + 1 \times 2 + 2 \times 1 = 11$ Punkte

IV. 1. A spielt mit B und C spielt mit D
  2. A spielt mit D und B mit C (die Coeur 7 ist ranghöher als die Treff 7)
  3. B spielt mit C und A mit D (die Pik 8 ist ranghöher als die Karo 8)

Ziel des Spieles

Ziel des Bridgespiels ist es, eine Spielrunde, einen »Rubber« (sprich: robber) zu gewinnen. Ein Rubber ist dann beendet, wenn ein Partnerpaar zwei volle Spiele gewonnen hat. Ein volles Spiel nennt man auch »Partie« oder »Manche« (sprich: mansch). Um eine Partie zu gewinnen, muß man in einem oder mehreren Teilspielen 100 Punkte erreichen. Diese Punkte sind allerdings nicht identisch mit den Bewertungspunkten der Honneurs, sondern errechnen sich aus den Stichwerten der Farben. Die nächste Lektion wird das zeigen und verdeutlichen.

Diese Spieleinteilung wollen wir uns der Deutlichkeit halber noch einmal von unten her ansehen: ein oder mehrere Teilspiele, die zusammen mindestens 100 Punkte einbringen, ergeben eine Manche oder Partie; zwei Manchen ergeben einen Rubber, den es zu gewinnen gilt.

Um ein einzelnes Spiel zu erfüllen, das heißt also es erfolgreich durchzuführen, zu gewinnen, muß man von den möglichen 13 Stichen so viele machen, wie man in der Reizung »versprochen« hat. 6 der 13 Stiche — das sogenannte »Buch« — sind die Voraussetzung für jedes Spiel. Deshalb werden bei der Reizung und der Bewertung nur die Stiche angesagt und gezählt, die über das »Buch« hinausgehen.

Wenn Sie also »1 Pik« ansagen, verpflichten Sie sich, mit Pik als Trumpffarbe $6 + 1 = 7$ Stiche zu machen. »3 Treff« heißt $6 + 3 = 9$ Stiche mit Treff als Trumpffarbe; »4 Coeur« heißt 10 Stiche mit Coeur als Trumpffarbe; »6 Sans Atout« heißt 12 Stiche ohne Trumpffarbe.

Der Stichwert der Farben

Beim Bridge gibt es wie bei anderen Kartenspielen die Möglichkeit, eine Farbe zur Trumpffarbe zu bestimmen. Welche Farbe zur Trumpffarbe wird, ergibt sich aus dem Reizvorgang. Man kann aber auch ohne Trumpf spielen. Ein »Ohne-Trumpf«-Spiel nennt man »Sans Atout« (Sprich: sansatu).
Jede Farbe hat als Trumpffarbe einen feststehenden Stichwert: Er ist bei den Unterfarben Treff und Karo = 20, bei den Oberfarben Coeur und Pik = 30. Der Stichwert beim Sans Atout ist für den ersten Stich = 40 und für jeden weiteren Stich = 30.

Der unterschiedliche Stichwert der Ober- und Unterfarben bringt es mit sich, daß man bestrebt ist, eine Oberfarbe zum Trumpf zu machen, da die Spiele dann bei gleicher Stichzahl einen höheren Gewinn bringen. Sie sollten sich aber nicht dazu verleiten lassen, ein unsicheres Oberfarbenspiel einem sicheren Unterfarbenspiel vorzuziehen. Gehen Sie besonders am Anfang Ihrer Bridge-Laufbahn auf Sicherheit.
Läßt sich in den zwei zusammengehörigen Blättern der beiden Spielpartner keine gute Trumpffarbe feststellen, so spielt man bei ausreichender Blattstärke »Sans Atout«, also ohne Trumpf, oder überläßt das Spiel den Gegnern.

Wie das Reizen vor sich geht

Die Reizung — auch Bietprozeß, Lizitation oder Lizit genannt — ist eine Vorhersage dessen, was im Spiel geschehen wird. Das heißt, man verpflichtet sich auf eine bestimmte Anzahl von Stichen und ist bestrebt, diese »vertragliche Verpflichtung«, diesen »Kontrakt«, zu erfüllen. Daher auch der Name des Spieles: Kontrakt-Bridge.

Jede Ansage, die ein Spieler macht, ist auch für seinen Partner bindend, ob sie ihm gefällt oder nicht. Denn Bridge ist ein Partnerschaftsspiel. Erfolg und Mißerfolg werden immer gemeinsam erzielt und ertragen.

Ziel der Reizung ist, daß sich die Partner über Stärke und Verteilung ihrer Karten verständigen. Dies geschieht durch sich steigernde Ansagen, mit deren Hilfe die beste Farbe als Trumpffarbe gefunden werden soll. Die festgestellte gemeinsame Stärke bestimmt dann die Höhe des Spiels, das heißt die Anzahl der Stiche, auf die man sich verpflichtet.

Die Reizung beginnt gewöhnlich auf Stufe 1 und kann bis Stufe 7 führen (6 Stiche, das »Buch«, plus 1 bzw. 7 Stiche = 7 bzw. 13 Stiche).

Die zuerst angesagte Farbe muß keineswegs die Trumpffarbe werden. Verbindlich für Trumpffarbe und Stichzahl ist die letzte Ansage, der »Kontrakt«. Die erste Ansage macht der Spieler, der die Karten gegeben hat.

Beispiel einer Reizung: Es sagen

West	Nord	Ost	Süd
Passe	1 Coeur	Passe	1 Pik
Passe	2 Karo	Passe	2 Coeur
Passe	3 Coeur	Passe	4 Coeur
Passe	Passe	Passe	

Die Reizung ist zu Ende, da nach Süds Ansage von 4 Coeur alle drei anderen Spieler gepaßt haben. Der Endkontrakt ist also 4 Coeur = 10 Stiche mit Coeur als Trumpffarbe. Nord, der als erster die Coeurfarbe genannt oder erfunden hat, muß versuchen, diesen Kontrakt zu erfüllen.

Wenn in der ersten Bietrunde alle vier Spieler passen — man nennt das »Rundpaß« —, werden die Karten zusammengeworfen und der Spieler, der an der Reihe ist, teilt das andere Kartenpaket aus.

Spiele, deren Wert unter 100 liegt, nennt man Teilspiele. Zum Beispiel 2 Karo = 40, 3 Pik = 90, 2 SA = 70 oder 4 Treff = 80. Erreicht oder übersteigt der Wert des Spieles 100, so ist es ein volles Spiel. Die Grenze zu dem vollen Spiel liegt also bei
— dem Sans Atout auf der Stufe 3, denn
     3 SA = 40 + 30 + 30 = 100;
— den Oberfarben auf der Stufe 4, denn
     4 Coeur bzw. Pik = 4 × 30 = 120;
— den Unterfarben auf der Stufe 5, denn
     5 Treff bzw. Karo = 5 × 20 = 100.
Eine Manche kann man auch durch zwei oder mehr Teilspiele erreichen:

1 SA	=	40
+ 2 Pik	=	60
	100 (Partie)	

1 Pik	=	30
+ 3 Treff	=	60
+ 2 Karo	=	40
	130 (Partie)	

Hat ein Paar die Manche erreicht, so ist es in die zweite Zone oder Gefahrenzone gekommen. In der Reizung ist jetzt entsprechende Vorsicht geboten, da jeder Unterstich, also jeder Stich, den man zu wenig macht, doppelt soviel Minuspunkte kostet, als es in der ersten Zone der Fall ist. Das werden wir später noch näher erläutern.

Der Bietraum von Stufe 1 bis Stufe 7

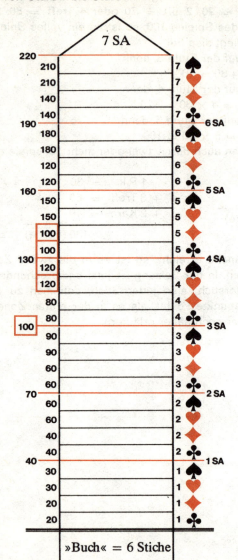

Regeln für den Spielablauf

Die Reizung ist beendet, der Endkontrakt steht fest. In unserem Beispiel ist es Nord, der 4 Coeur spielen muß, das heißt also, er muß 10 Stiche mit Coeur als Trumpffarbe machen. Und zwar spielt Nord als Alleinspieler gegen West und Ost, wie wir gleich sehen werden.

Der links vom Alleinspieler sitzende Gegner spielt zuerst aus. In unserem Fall ist das Ost. Sobald seine Karte sichtbar liegt, legt der Partner des Alleinspielers, hier also Süd, seine sämtlichen Karten geordnet offen auf den Tisch. Er darf sich an dem Spiel nun nicht mehr beteiligen, weder durch Worte noch durch Handlungen. Man nennt ihn deshalb auch »Strohmann« oder »Dummy« (sprich: dami), sein Blatt bezeichnet man auch als »Tisch«, da es ja offen auf dem Tisch liegt. Der Alleinspieler bedient sowohl die Karten seiner eigenen Hand, als auch die Karten des Tisches. Sein Handblatt nennt man oft nur »Hand«.

Ost hat also ausgespielt, und Süd hat seine Karten aufgelegt. Der Alleinspieler Nord gibt nun zunächst eine Karte vom »Tisch«, also aus dem Südblatt hinzu. Dann ist West an der Reihe und schließlich gibt der Alleinspieler die letzte Karte des ersten Stiches aus seiner Hand dazu. Wer den Stich gewonnen hat, spielt wieder neu aus.

Für das Zugeben der Karten gibt es eine wichtige Regel: Farbe muß grundsätzlich bedient werden. Wenn man die angespielte Farbe nicht mehr hat, kann man eine beliebige andere Karte abwerfen oder mit einem Trumpf den Stich an sich ziehen. Wer einen Stich gemacht hat, muß ihn gleich einsammeln und verdeckt bei sich ablegen. Ist der letzte Stich entschieden, zählt jede Partei die gewonnenen Stiche, und jeder Spieler notiert das Ergebnis des Spieles auf seinem Block. Doch davon später.

Test 2

Ein wichtiger Abschnitt ist nun erreicht. Das Spiel ist langsam durchschaubar geworden. Die Grundlagen des Bietens sollten Sie im »Schlaf« beherrschen; Sie sollten also über die folgenden Fragen nicht lange nachdenken müssen:

Fragen:

I. Auf wieviel Stiche verpflichtet sich der Spieler, der die folgenden Spiele ansagt:
   1. 3 Karo
   2. 1 Sans Atout
   3. 5 Treff
   4. 2 Coeur
   5. 7 Pik
   6. 4 Coeur
   7. 3 Sans Atout
   8. 6 Karo

III. Wieviel bringt ein gewonnenes
   1. 3 Pik-Spiel?
   2. 4 Treff-Spiel?
   3. 3 Sans-Atout-Spiel?
   4. 1 Coeur-Spiel?

III. Wieviel schreiben Sie für ein gewonnenes
   1. 3 Karo-Spiel?
   2. 2 Coeur-Spiel?
   3. 1 Sans-Atout-Spiel?
   4. 2 Sans-Atout-Spiel?

IV. Welche Spiele sind Teilspiele, welche volle Spiele?
   1. 4 Karo
   2. 4 Pik
   3. 2 SA
   4. 5 Coeur
   5. 3 Treff
   6. 3 SA
   7. 2 Coeur
   8. 6 Pik
   9. 3 Karo
   10. 5 Karo

Antworten:

I. 1.   9 Stiche
   2.   7 Stiche
   3. 11 Stiche
   4.   8 Stiche
   5. 13 Stiche
   6. 10 Stiche
   7.   9 Stiche
   8. 12 Stiche

II. 1. 90 (3 × 30)
   2. 80 (4 × 20)
   3. 100 (40 + 2 × 30)
   4. 30 (1 × 30)

III. 1. 60 (3 × 20)
   2. 60 (2 × 30)
   3. 40 (1 × 40)
   4. 70 (40 + 30)

IV. Teilspiele sind:
   1. 4 Karo = 80;   3. 2 SA = 70;   5. 3 Treff = 60;
   7. 2 Coeur = 60;   9. 3 Karo =60;
   Volle Spiele sind:
   2. 4 Pik = 120;   4. 5 Coeur = 150;   6. 3 SA = 100;
   8. 6 Pik = 180;   10. 5 Karo = 100

Wie man Stiche macht

Figurenstiche, Schnappstiche, Längenstiche

Wenn ein Spieler eine Karte ausgespielt hat, müssen alle anderen die ausgespielte Farbe bedienen. Auch die Trumpffarbe muß bedient werden. Der Stich gehört dem Spieler, der die höchste Karte gelegt hat. Dies sind Figurenstiche, weil sie meist mit den hohen Figuren gemacht werden. Zum Beispiel:

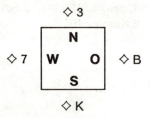

West hat die Karo 7 ausgespielt. Nord gibt die Karo 3, Ost den Buben und Süd den König. Den Stich hat Süd gewonnen, weil sein Karo König die höchste Karte ist.

Hat ein Spieler die ausgespielte Farbe nicht, so kann er durch Zugabe einer beliebigen Trumpfkarte den Stich nehmen. Dieser Stich wird Trumpfstich oder Schnappstich genannt. Er kann aber auch eine beliebige andere Karte abwerfen, denn es besteht kein Stechzwang:

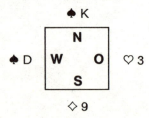

Coeur ist Trumpf. West hat die Pik Dame ausgespielt und Nord deckt mit seinem Pik König. Ost, der keine Pik-Karte mehr hat, trumpft jedoch mit der Coeur 3. Süd hat weder Pik noch Trumpf und wirft daher die Karo 9 ab. Der Stich gehört dem Ostspieler.

Spielt in einem Sans-Atout-Spiel ein Spieler zum Beispiel die Karo 4 aus und beide Gegner haben diese Farbe nicht mehr, weil sie schon drei- oder viermal gespielt worden ist, so wird die Karo 4 den Stich behalten. Es ist ein sogenannter Längenstich, weil die unscheinbare kleine Karte dank der Länge der Farbe zur Stechkarte, das heißt »hoch« geworden ist.

Längenstiche entwickelt man, indem man eine Farbe so oft spielt, bis die Gegner in dieser Farbe keine Karte mehr haben. Die letzten kleinen Karten werden so zu Stichen, die dann ausgenützt werden können, wenn die Gegner keine Trümpfe mehr haben und damit nicht mehr stechen können. Betrachten wir einmal die folgende Austeilung:

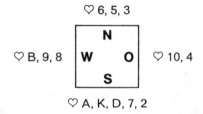

Für Süd sehen wir auf den ersten Blick nur drei sichere Stiche: Coeur As, Coeur König und Coeur Dame. Spielen wir jedoch As-König ab und beide Gegner bedienen die Farbe, so werden auch die zwei kleinen Karten, die Coeur 7 und die Coeur 2, zu sicheren Stichen. Auf die zum dritten Stich ausgespielte Coeur Dame fällt nämlich unweigerlich die letzte Coeurkarte der Gegner. Damit können sie also unsere hochgespielten kleinen Coeurkarten 7 und 2 nicht mehr stechen, sofern wir ihnen zuvor nur alle Trümpfe herausgelockt haben. Das ist natürlich bei einem Farbenspiel Voraussetzung.

Wir spielen As-König und trumpfen die 3 in der Hand. Die 6 und 4 sind jetzt »hochgespielt«, da kein Gegner mehr eine Karte dieser Farbe besitzt.

Ist es ein Sans-Atout-Spiel, so geben wir die dritte Runde freiwillig ab, doch die 6 und 4 liegen wieder für uns als Stiche bereit.

Je länger eine Farbe also ist, desto schneller kann sie hochgespielt oder — wie man auch sagt — entwickelt werden. Stiche kann man auch dadurch entwickeln, daß man die hohen Figuren der Gegner herauszwingt und so die eigenen niedrigeren Karten zu Stechkarten macht:

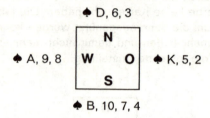

```
              ♠ D, 6, 3
                 N
♠ A, 9, 8    W     O    ♠ K, 5, 2
                 S
              ♠ B, 10, 7, 4
```

Hier halten wohl die beiden Spieler Ost und West — man sagt auch: die Linie Ost-West — das As und den König dieser Farbe. Dennoch kann der Alleinspieler Süd zwei Stiche etablieren. Er spielt zuerst die 4 aus der Hand. West wird klein zugeben, also die 8, und Ost wird die vom Tisch gelegte Dame mit seinem König nehmen. Wenn Süd wieder zu Stich kommt, zwingt er mit dem Buben das As der Gegner heraus. Jetzt ist die 10 die höchste Karte, also ein sicherer Stich. Da die sechs gegnerischen Karten der Farbe für Süd günstig, nämlich 3 : 3 verteilt waren, macht auch die letzte Karte, die 7, einen Stich.

Wieviel Stiche gemacht werden können, hängt meist davon ab, ob die Kartenlage für den Alleinspieler günstig ist und ob er es versteht, sie für sich auszunutzen.

```
              ♦ K, 3
                 N
♦ A, 9       W     O    ♦ 7, 5
                 S
              ♦ 8, 4
```

Wenn Süd seine 4 zum König spielt, macht er mit diesem einen Stich, weil das As bei West steht. West kann auf die gelegte 4 die 9 geben, dann hält der König schon den ersten Stich. Gibt er das As, so ist der König hoch und macht nachher seinen Stich. Falsch wäre es, wenn Süd zuerst die 3 vom Tisch spielte, denn dann würde West beide Stiche machen. Man soll also immer auf die Figuren zu und nicht von diesen wegspielen. Diese Faustregel erweist sich immer wieder als richtig und erfolgreich.

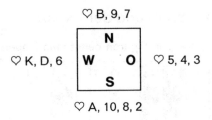

Ost kann bei dieser Kartenlage zwei Stiche erzielen, wenn er zweimal aus seiner Hand gegen König-Dame spielt. Ob Süd sofort oder erst beim zweitenmal sein As einsetzt, ändert daran nichts. Würde Ost vom Tisch den König vorspielen, um das As herauszuzwingen, könnte er anschließend nur einen Stich mit der Dame machen. Ebenfalls nur einen Stich könnte er machen, wenn das As bei Nord wäre, da dieses dann eine der beiden Figuren stechen würde.

Zusätzliche Stichmöglichkeiten

Der Schnitt oder Impaß und der Expaß

Eine unterbrochene Folge von Figuren nennt man Gabel:

Hier fehlt der König — hier die Dame — hier der Bube

Mit Hilfe der Gabel kann man einen zusätzlichen Stich machen, wenn die fehlende Figur im Blatt des Spielers ist, der vor der Gabel sitzt. Man spielt immer aus der anderen Hand, also gegen die Gabel, eine kleine Karte. Bleibt der Gegner klein, legen wir die niedrige Figur von der Gabel, also von As-Dame die Dame, von König-Bube den Buben. Das nennt man »schneiden« oder einen »Schnitt« machen. Steht die fehlende Figur für uns gut, das heißt vor der Gabel, hält die niedrige Figur schon den Stich.
Wenn man in der Hand oder am Tisch eine Gabel hat, muß man immer versuchen, durch den Schnitt einen zusätzlichen Stich zu machen. Wenn der Schnitt mißlingt, hat man wenigstens den Versuch gemacht.
Typische Schnittpositionen sind zum Beispiel:

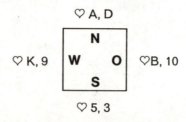

Süd spielt die 3, West gibt die 9, von Nord wird die Dame gelegt, also »geschnitten« oder »impassiert«. Da der König bei West, also vor der Gabel steht, hält die Dame den ersten Stich, das As wird den zweiten machen.

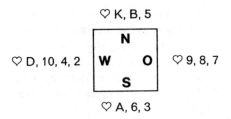

Hier spielt Süd zuerst das As und dann die 3. West wird klein zugeben, aus der Gabel der Nordhand wird der Bube gelegt, der bei Stich bleibt, da die Dame vor der Gabel steht. So macht Süd drei Stiche, weil er eine für ihn günstige Kartenlage angetroffen hat und diese auszunützen verstand. Stehen das As und die Dame in zwei verschiedenen, aber zusammengehörigen Händen, bilden sie keine Gabel mehr, und man kann folglich keinen Schnitt machen:

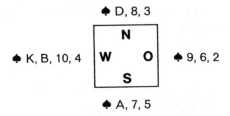

Die richtige Spielweise ist in diesem Fall, zuerst das As zu spielen — manchmal steht der König blank — und dann klein zur Dame, in der Hoffnung, den König bei West zu finden. Im obigen Diagramm ist das der Fall, so daß die Dame einen Stich machen wird. Im Gegensatz zum Impaß nennt man diese Spielweise Expaß. Stünde der König bei Ost, so wäre unser Versuch, mit der Dame einen Stich zu machen, gescheitert.

Anders ist es, wenn die Nordhand auch den Buben oder gar den Buben und die Zehn hat:

◇ D, B, 10, 3

◇ 9, 6   W   O   ◇ K, 7, 5

◇ A, 8, 4, 2

Bei dieser Konstellation kann Osts König keinen Stich machen, wenn Nord die Dame vorspielt. Deckt Ost mit seinem König, gewinnt Süd den Stich mit dem As und die weiteren drei Stiche gehören ebenfalls ihm. Deckt Ost nicht, gibt Süd die 2 und die Dame behält den Stich. Es wird der Bube gespielt, anschließend die Zehn: Jetzt spätestens fällt der König unter Süds As. Stünde der König bei West, würde er den ersten Stich gewinnen, der Schnitt wäre mißlungen.

Noch einmal also: Wenn man eine Gabel hat, sollte man immer versuchen, durch den Schnitt einen zusätzlichen Stich zu machen.

Test 3

Die Grundelemente des Bridge-Spieles kennen Sie jetzt. Bevor Sie weiterlesen, und wir Sie Schritt um Schritt in die Feinheiten des Spiels einweihen, prüfen Sie bitte Ihr bisher erworbenes Wissen. Falls Sie die eine oder andere Frage nicht oder nicht genau beantworten können, lesen Sie bitte den entsprechenden Abschnitt noch einmal nach.

Fragen:

1. Welche ist die höchste, welche die niedrigste Farbe?
2. Wieviel Punkte zählt die Dame?
3. Wer hebt vor dem Austeilen immer ab?
4. Kann man über »1 Coeur« »1 Karo« ansagen?
5. Was ist das »Buch«?
6. Wann ist die Reizung zu Ende?
7. Sie spielen 4 Coeur und erzielen 9 Stiche. Haben Sie den Kontrakt erfüllt oder sind Sie gefallen?
8. Sie gewinnen »5 Pik«. Wieviel dürfen Sie sich dafür anschreiben?
9. Sie wollen in Pik ein volles Spiel erreichen. Wie hoch müssen Sie reizen?
10. Welches Spiel bringt mehr: »2 Pik« oder »3 Treff«?
11. Wann hat eine Linie, d. h. ein Partnerpaar, einen Rubber gewonnen?
12. Was ist ein »Schnappstich« oder »Schnapper«?
13. Was zählt mehr: »2 Pik« oder »2 SA«?
14. Was ist ein »Schnitt«?
15. Was ist ein »Expaß«?

Antworten:

1. Pik ist die höchste, Treff die niedrigste Farbe.
2. 2 Punkte.
3. Der rechte Gegner des Teilers.
4. Nein, denn 1 Karo ist niedriger als 1 Coeur.
5. Die ersten 6 Stiche in einem Spiel.
6. Wenn 3 Spieler nach einer Ansage gepaßt haben.
7. Gefallen, denn Sie haben sich auf 10 Stiche verpflichtet.
8. 150.
9. Auf 4 Pik.
10. Beide bringen 60.
11. Wenn sie 2 volle Spiele gemacht hat.
12. Wenn man eine gespielte Karte nicht mehr bedienen kann und sie mit einer Trumpfkarte sticht.
13. 2 Pik zählen 60, 2 SA 70.
14. Das Spielen einer kleinen Karte zur Gabel mit dem Ziel, einen zusätzlichen Stich zu machen.
15. Das Spielen einer kleinen Karte gegen eine Figur — außer dem As — in der Hoffnung, mit dieser Figur einen Stich zu machen.

Ansagbare Farben

Zur Eröffnung des Reizens braucht man ein ausreichend starkes Blatt und eine ansagbare Farbe. Eine ansagbare Farbe, das heißt eine Farbe, die man dem Partner als Trumpf vorschlagen will, muß in jedem Fall zwei Bedingungen erfüllen:
— Sie muß mindestens aus vier Karten bestehen, also eine Viererlänge sein.
— Sie muß mindestens eine der drei höchsten Figuren an der Spitze haben.

Ansagbar ist zum Beispiel:

Nicht ansagbar ist zum Beispiel:

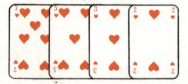 

Viererlängen kann man nur einmal ansagen, es sei denn, der Partner unterstützt diese Farbe und zeigt damit, daß die Trumpfüberlegenheit gegenüber den Gegnern gewährleistet ist. Jede Fünferlänge, auch ohne Figuren, ist mindestens einmal bietbar.

Einmal wiederholbar, das heißt in einer der nächsten Bietrunden wieder ansagbar, ist auch ohne Unterstützung des Partners eine Fünferlänge, die zwei Figuren aufweist, ferner jede Sechserlänge. Zum Beispiel:

Starke Sechserlängen, zum Beispiel mit 3 Figuren, sind zweimal wiederholbar. Siebener- und Achterlängen sind selten. Sie können auch ohne Unterstützung des Partners zwei- bis dreimal angesagt werden. So könnte diese Pikfarbe

eröffnet und zweimal wiederholt werden, da man mit den 7 Karten allein schon die Trumpfüberlegenheit besitzt.

Test 4

Fragen:

I. Sind die folgenden Längen bietbar? Begründen Sie Ihre Antwort.
   1. A K 9
   2. K 4 3 2
   3. 7 6 5 3 2
   4. D B 5 3
   5. 8 5 4 2

II. Wie oft sind die folgenden Längen wiederholbar? Begründung!

1. A K 7 5 4   4. K D B 10 6 3
2. A 8 5 4 2   5. A D B 5
3. 9 7 6 4 3 2   6. K B 9 5 2

Antworten:

I. 1. Nein. Dreierlängen sind nicht bietbar.
   2. Ja. Viererlänge mit einer hohen Figur.
   3. Ja. Jede Fünferlänge ist mindestens einmal bietbar.
   4. Ja. Viererlänge mit zwei Figuren.
   5. Nein. Viererlänge ohne Figur; zu schwach für eine Erstansage.

II. 1. Einmal wiederholbar. Fünferlänge mit 2 hohen Figuren.
    2. Nicht wiederholbar. Fünferlänge mit nur einer Figur.
    3. Einmal wiederholbar. Jede Sechserlänge ist wiederholbar.
    4. Zweimal wiederholbar. Starke Sechserlänge mit drei Figuren.
    5. Nicht wiederholbar, da nur Viererlänge.
    6. Einmal wiederholbar. Fünferlänge mit 2 Figuren.

Die Trumpfunterstützung

In der Trumpffarbe muß der Alleinspieler die zahlenmäßige Überlegenheit haben, das heißt Hand und Tisch zusammen müssen mindestens 7 der 13 Trümpfe halten. Diese Überlegenheit von nur einer Trumpfkarte ist aber äußerst knapp. Voll ausreichend hingegen sind 8 Trümpfe. Man soll deshalb eine vom Partner als Trumpf vorgeschlagene Farbe, die ja eine Viererlänge sein kann, nur dann unterstützen, wenn man selbst 4 Karten in dieser Farbe hat. Eine Figur muß man dabei nicht haben, es genügen vier kleine Karten. Eine Dreierlänge reicht nur dann als Trumpfunterstützung aus, wenn mindestens eine hohe Figur an ihrer Spitze steht.
Ausreichende Trumpfunterstützungen sind zum Beispiel:

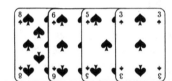 

Gute Trumpfunterstützungen sind selbstverständlich Vierer- oder Fünferlängen mit mindestens einer Figur an der Spitze wie beispielsweise diese:

Ausgeglichene und unausgeglichene Blätter – Verteilungspunkte

Als ausgeglichen bezeichnet man die Blätter, die keine besonderen Längen und daher auch keine Kürzen aufweisen. Die ausgeglichenste Verteilung ist die mit drei Dreier- und einer Viererlänge, also 3 : 3 : 3 : 4 wie diese

♠ A K 7   ♡ D 10 9 5   ♢ K B 6   ♣ A 9 8

Diese Verteilung eignet sich sehr für das Sans-Atout-Spiel, man nennt sie daher auch Sans-Atout-Verteilung.
Hat ein Blatt jedoch Längen und Kürzen, so spricht man von unausgeglichener Verteilung:

♠ A D 9 7 5 4   ♡ 7   ♢ K D 7 3   ♣ 9 5

Durch die Kürzen bekommt dieses Blatt eine zusätzliche Stärke. Wenn man eine lange Farbe zum Trumpf macht, können die Gegner in den kurzen Farben höchstens ein bis zwei Stiche machen, da der folgende bereits getrumpft werden kann. Diese Verteilungsstärke eines Blattes kann in Punkten ausgedrückt werden. So zählt
— ein Double (sprich: dubl) = 1 Punkt
— ein Single (sprich: singl) = 2 Punkte
— ein Chicane (sprich: schikhän) = 3 Punkte.
Ein Double hat man, wenn man in einer Farbe nur zwei Karten hat, ein Single, wenn man nur eine Karte hat, und ein Chicane, wenn man in einer Farbe blank ist.
Diese Punkte nennt man Verteilungspunkte, die man zur Bewertung seines Blattes vor der Reizung insgeheim den Figurenpunkten der Honneurs zuschlägt. Das obige Beispiel hat demnach 11 Figurenpunkte, 2 Verteilungspunkte für das Single in Coeur und 1 Verteilungspunkt für das Double in Treff, insgesamt also 14 Punkte.

Eröffnung »Eins in Farbe«: Nur eine Länge

Wenn der Teiler, der zu reizen beginnt, ein Eröffnungsgebot abgeben will, muß er ein Drittel der 40 Figurenpunkte besitzen, die im ganzen Paket sind, also mindestens 13 Punkte. Hat er die nicht, so muß er zunächst passen.
Wenn Sie nur eine ansagbare Farbe haben, dann sagen Sie diese an, sofern Sie die nötigen Punkte erreichen. Zum Beispiel:

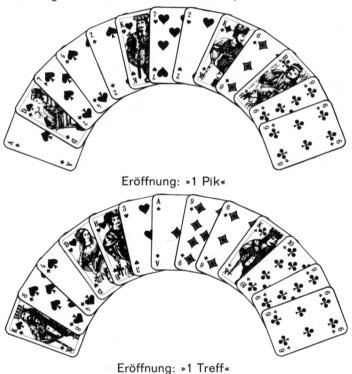

Eröffnung: »1 Pik«

Eröffnung: »1 Treff«

Test 5

Fragen:

Was reizen Sie mit den folgenden Blättern? Begründung!

1. ♠ K D 7   ♡ A 9 8   ◇ A B 6 3   ♣ 7 5 3
2. ♠ 9 5   ♡ K B 10 9 6   ◇ A D 5   ♣ K 5 4
3. ♠ A D B   ♡ 7 5 4   ◇ K 5 4   ♣ D 9 5 3
4. ♠ D 4   ♡ K 10 5   ◇ A 8 2   ♣ A D 9 4 2
5. ♠ D 9 8 7 5 3   ♡ A 6   ◇ A 3   ♣ K 9 7
6. ♠ 8 5   ♡ K D 7 5 4 2   ◇ K 5   ♣ B 5 4

Antworten:

1. »Karo«. 14 Figurenpunkte, bietbare Karofarbe.
2. »1 Coeur«. 13 Figurenpunkte und 1 Verteilungspunkt; Fünferlänge in Coeur.
3. »Passe«. Nur 12 Punkte und keine gute Länge.
4. »1 Treff«. 15 Figurenpunkte und 1 Verteilungspunkt; Fünferlänge.
5. »1 Pik«. 13 Figurenpunkte und 2 Verteilungspunkte; Sechserlänge.
6. »Passe«. Nur 9 Figurenpunkte und 2 Verteilungspunkte. Trotz der guten Coeurfarbe muß man passen, weil man sonst dem Partner eine Stärke verspricht, die man nicht hat.

Eröffnung »Eins in Farbe«: 2 Fünferlängen

Wenn Sie zwei Fünferlängen haben, eröffnen Sie am besten mit der rang-höheren, um in der zweiten Bietrunde die niedrigere zu nennen.

Beispiel 1:

♠ K 5   ♡ K 10 8 6 5   ♢ A D B 5 3   ♣ 4

Eröffnen Sie mit »1 Coeur«, und bieten Sie in der nächsten Runde »2 Karo«. Ihr Partner kann mit einem schwachen Blatt entweder passen, wenn er mehr Karo- als Coeurkarten hält, oder im umgekehrten Fall auf »Coeur« ver-bessern, ohne in die Dreierstufe gehen zu müssen, die vielleicht schon zu hoch wäre. Hat der Partner ein gutes Blatt, wird er ohnehin weiterreizen, bis das volle Spiel erreicht ist.

Verteilungspunkte können bei der Eröffnung mitgezählt werden, doch soll-ten Sie wenigstens 11 bis 12 Figurenpunkte halten, wenn Sie ein Eröff-nungsgebot abgeben.

Beispiel 2:

♠ A B 9 6 4   ♡ A D 8 7 3   ♢ 6 3   ♣ 5

Eröffnen Sie mit «1 Pik», und bieten Sie dann Coeur an. Dieses Blatt hat nur 11 Figurenpunkte, stellt aber mit den zwei guten Fünferlängen, in denen sämtliche Figuren stehen, eine solide Eröffnung dar. Gibt man nun ins obige Blatt statt der Coeur Dame die Karo Dame, bleibt zwar die Punkt-zahl gleich, aber das Blatt ist wesentlich schwächer geworden. Die Coeur-farbe ist jetzt mit nur einer Figur ziemlich schwach, und die nur einmal besetzte Karo Dame ist nicht allzuviel wert.

Eröffnung »Eins in Farbe«: 2 Viererlängen

Bei zwei Viererlängen reizt man die ranghöhere Farbe nur dann zuerst, wenn die beiden Farben in der Rangfolge benachbart sind. Benachbarte Farben sind also: Pik und Coeur, Coeur und Karo, Karo und Treff.

Beispiel 1:

♠ 8 4   ♡ K D 10 8   ◇ A K B 5   ♣ 10 7 3

Eröffnen Sie dieses Blatt mit »1 Coeur«. Reizt Ihr Partner »1 Pik«, »1 SA« oder »2 Treff«, so bieten Sie »2 Karo« an. Der Partner kann jetzt — wenn er mehr Coeur- als Karokarten hat — auf »2 Coeur« verbessern, ohne in die Dreierstufe gehen zu müssen. Im umgekehrten Falle kann er mit einem schwachen Blatt auf »2 Karo« passen. Dies ist das Prinzip der Sparsamkeit in der Reizung.

Bei nicht benachbarten Farben besteht die erwähnte Sparsamkeit darin, daß man mit der unteren Farbe beginnt und nach oben reizt.

Beispiel 2:

♠ A D B 5   ♡ B 4   ◇ 6 5 3   ♣ A 10 9 5

Eröffnen Sie dieses Blatt mit »1 Treff«. Reizt Ihr Partner »1 Karo« oder »1 Coeur«, so bieten Sie mit »1 Pik« Ihre zweite Farbe an. Vor allem bei schwachen Blättern ist es wichtig, sparsam zu reizen. Würden Sie das obige Blatt mit »1 Pik« eröffnen, so müßten Sie über »2 Karo« oder »2 Coeur« Ihres Partners in die Dreierstufe gehen, um Ihre zweite Farbe Treff anzusagen.

Eröffnung des Blattmusters 4:4:4:1

4:4:4:1 verteilte Blätter eröffnet man — wenn alle Farben bietfähig sind — am besten unter dem Single und reizt dann die Farben nach unten im Uhrzeigersinn weiter.

Beispiel 1:

♠ 5   ♡ A B 6 3   ♢ K 10 8 5   ♣ K D 7 3

Eröffnen Sie dieses Blatt mit »1 Coeur« und reizen Sie über »1 Pik« Ihres Partners »2 Karo« und über »2 Pik« oder »2 SA« Ihres Partners »3 Treff«. Damit haben Sie die Struktur Ihres Blattes vollständig charakterisiert.

Beispiel 2:

♠ A D 4 3   ♡ 7   ♢ K 9 8 7   ♣ A 10 6 3

Eröffnung »1 Karo«, dann Treff und danach Pik anbieten.

Beispiel 3:

♠ K B 6 4   ♡ A 9 5 2   ♢ K D 5 3   ♣ 7

Eröffnung »1 Pik«, dann Coeur und Karo anbieten. Sollte der Partner nach der Eröffnung eine Ihrer weiteren Farben reizen, so heben sie diese sofort auf eine Höhe, die der Stärke Ihres Blattes entspricht.

Beispiel 4:

♠ A B 8 2   ♡ 5   ♢ A K 10 5   ♣ K B 10 6

Wenn Ihr Partner nach Ihrer »1 Karo«-Eröffnung »1 Pik« reizt, heben Sie ihn auf »3 Pik«. Damit zeigen Sie gute Trumpfunterstützung und ein starkes Blatt.

Eröffnung mit 2 ungleichen Längen

Bei ungleichen Längen lautet die allgemeine Regel, daß man die längere Farbe zuerst reizt.

Beispiel 1:

♠ A B 10 5   ♡ 7 5   ♢ K 4   ♣ A D 7 4 2

Eröffnung »1 Treff«, um nachher Pik zu reizen.

Beispiel 2:

♠ K 6   ♡ A K 5 3 2   ♢ 8 5   ♣ K B 9 7

Eröffnung »1 Coeur«; über »1 Pik« oder »1 SA« des Partners dann »2 Treff« bieten. Reizt der Partner aber »2 Karo«, so kann man durch die Wiederholung der Coeurfarbe auf niedriger Stufe bleiben oder, mit einer guten Eröffnung, die Treff-Farbe auf der Dreierstufe zeigen.

Beispiel 3:

♠ 7   ♡ A D B 9 5 3   ♢ K D 9 8 3   ♣ 5

Eröffnung »1 Coeur«; in der zweiten Runde Karo bieten.

Beispiel 4:

♠ 3   ♡ A K B 6 4 2   ♢ 5 4   ♣ A D 5 2

Bei einer Sechser- und einer Viererlänge wird zuerst die Sechserlänge zweimal gereizt, dann die Viererlänge. Eröffnung also »1 Coeur«; über »1 Pik« oder »1 SA« des Partners dann »2 Coeur« und über »2 Pik« oder »2 SA« des Partners »3 Treff« reizen. Damit ist eine 6 : 4 Verteilung im Blatt deutlich beschrieben.

Die vorbereitende »1 Treff«-Eröffnung

Nicht selten bekommt man Blätter wie das folgende:

♠ K D 8   ♡ 8 6 5 2   ♢ K B 9   ♣ A B 6

Dies ist ohne Zweifel ein gutes Blatt, aber die Wahl der zu eröffnenden Farbe bereitet Schwierigkeiten. Die einzige Viererlänge, Coeur, ist ohne hohe Figur nicht bietbar. Wir machen daher ein künstliches Eröffnungsgebot: »1 Treff«, eine Dreierlänge also, die an sich gar nicht bietbar ist. Dies hat den Vorteil, daß wir auf jede Antwort des Partners vorbereitet sind, denn wir können entweder die von ihm gereizte Farbe unterstützen oder Sans Atout reizen.

Diese künstliche Eröffnungsansage heißt »vorbereitendes Treff«, und sie ist eine recht gute Notlösung.

Test 6

Fragen:

Angenommen, Sie haben als Teiler den Bietprozeß zu eröffnen. Wie lautet Ihre Eröffnungsansage mit den folgenden Blättern? Begründung!

	♠	♡	♢	♣
1.	8 3	A K B 5	A K D 7	7 5 4
2.	A K	9 7 6 5 3 2	A K D 8	3
3.	K D B 9 7 3 2	A B 9	7	5 3
4.	7 5 4	A K 5	A 10 8 5	9 5 4
5.	8 5	A K B 5	A K D 6 2	7 3
6.	A D 7 3	8	A K 9 4	K D 10 6
7.	K D 7 3	A 10 9 5	K D B 8	7
8.	A K B 7 6 4 2	8 6 3	5	7 2
9.	K D 6	8 4 3 2	A D 3	K 10 8
10.	K B 9	D 7 2	A 10 6	B 7 5 2

Antworten:

1. »1 Coeur«. Beide roten Farben sind bietbare Viererlängen. Da sie benachbart sind, ist die höhere Farbe zuerst zu reizen. Das Blatt hat 17 Figurenpunkte und 1 Verteilungspunkt für das Double.
2. »1 Coeur«. Die Karofarbe ist auch bietbar, aber bei ungleichen Längen wird die längere Farbe als erste genannt. Das Blatt hat 16 Figurenpunkte, 2 Verteilungspunkte für das Single in Treff und 1 Verteilungspunkt für das Double in Pik.
3. »1 Pik«. Mit der starken Pikfarbe ist dies eine gute Eröffnung, obwohl das Blatt nur 11 Figuren- und 3 Verteilungspunkte hat.
4. »Passe«. Nur 11 Figurenpunkte, kein Verteilungspunkt und auch keine Trumpflänge. Sollte der Partner anschließend eröffnen, können wir gut »mitgehen«.
5. »1 Karo«. Coeur und Karo sind bietbar. Da sie ungleiche Längen sind, ist nach der Regel mit der längeren zu eröffnen. Das Blatt hat 17 Figurenpunkte und je einen Verteilungspunkt für die beiden Doubles in den schwarzen Farben.
6. »1 Karo«. Eröffnung bei 4 : 4 : 4 : 1 verteilten Blättern, wenn alle drei Farben bietbar sind, unter dem Single. Ist eine Farbe nicht bietbar, so betrachten wir das Blatt als einen Zweifärber und reizen dementsprechend. Stärke des Blattes: 18 Figuren- und 2 Verteilungspunkte für das Single.
7. »1 Pik«. Ebenfalls eine 4 : 4 : 4 : 1-Verteilung. Wenn wir uns die Farben als einen geschlossenen Kreis vorstellen, dann liegt die Pikfarbe unter dem Single in Treff dieses Blattes. Blattstärke: 15 Figuren- und 2 Verteilungspunkte.
8. »Passe». Trotz der sehr guten Trumpffarbe Pik ist dies keine Eröffnung, da das Blatt nur 8 Figuren- und 3 Verteilungspunkte hat.
9. »1 Treff«. Das Blatt hat 14 Punkte in hohen Figuren und ist daher zu eröffnen. Da die einzige Viererlänge, Coeur, nicht bietbar ist, eröffnen wir mit dem »vorbereitenden Treff«.
10. »Passe«. Das Blatt hat nur 11 Figurenpunkte, keinen Verteilungspunkt und keine gute Trumpffarbe. Die Mindesterfordernisse einer Eröffnung sind nicht gegeben.

Antworten des Partners

Hauptziel der Reizung ist es, daß die Partner das volle Spiel, die Manche, erreichen, sofern die Stärke ihrer Blätter das erlaubt. Zu einem vollen Spiel sind im allgemeinen 26 Punkte in beiden Händen nötig. Diese wichtige Zahl ist leicht zu merken mit Hilfe einer Faustregel: Eröffnung (13 Punkte) + Eröffnung gibt ein volles Spiel.

Die 26 Punkte können beliebig auf die zwei Blätter verteilt sein, jedoch ist es für die Spieldurchführung nicht gerade vorteilhaft, wenn das eine Blatt sehr stark und das andere sehr schwach ist. Die Verbindung zwischen den beiden Händen wird nämlich dadurch behindert oder gar unmöglich gemacht.

Hat man eine sehr lange Trumpffarbe oder kann eine Trumpffarbe gefunden werden, die in beiden Blättern gut ist, so kann oft ein volles Spiel mit weniger als 26 Punkten erfüllt werden, weil in solchen Fällen die Verteilungspunkte stark zur Geltung kommen. Ansonsten muß man sich mit weniger als 26 Punkten mit einem Teilspiel begnügen.

Hat Ihr Partner zum Beispiel mit »1 Karo« eröffnet, so können Sie je nach der Beschaffenheit Ihres Blattes eine schwache oder eine starke Antwort geben.

Schwache Antworten

Antwort 1: »Passe«

Diese Ansage teilt Ihrem Partner mit, daß Sie ein wertloses oder nahezu wertloses Blatt mit weniger als 6 Punkten halten. Wenn Ihr Partner mit »1 Pik« eröffnet hat und Sie eines der folgenden Blätter halten, so sollten Sie passen:

♠ 7 4 3	♡ 8 5 4	◇ K 7 4 3	♣ D 6 2

oder

♠ 5	♡ B 9 6 5 3	◇ 9 6 5	♣ K 8 4 3

Im ersten Fall haben Sie 5 Punkte und eine ausgeglichene Verteilung, im zweiten Fall hätten Sie zu Ihren 4 Figurenpunkten noch 2 Verteilungspunkte, wenn nicht gerade die Pikfarbe von Ihrem Partner als Trumpffarbe vorgeschlagen worden wäre. So aber ist das Single in Pik keine zusätzliche Stärke, sondern eine zusätzliche Schwäche.

Antwort 2: »1 Sans Atout«

Diese Ansage zeigt 6 bis 9 Punkte ohne gute Trumpfunterstützung. Nach einer »1 Pik«-Eröffnung Ihres Partners reizen Sie »1 SA« zum Beispiel mit

♠ B 6   ♡ K B 4   ♢ D 8 5 3   ♣ B 9 7 3
oder
♠ 9 5   ♡ A 8 6 5 2   ♢ K 7 5   ♣ 10 9 5

Der Eröffner ist nicht verpflichtet weiterzureizen, außer er hat ein Blatt mit 17 oder mehr Punkten eröffnet, so daß ein volles Spiel trotz der Schwäche Ihres Blattes noch als möglich erscheint.

Antwort 3: »Die einfache Hebung«

Die einfache Hebung der als Trumpf vorgeschlagenen Farbe zeigt ebenfalls 6 bis 9 Punkte, aber mit guter Trumpfunterstützung. Verteilungspunkte erhöhen den Wert des Blattes, denn die Kürzen ermöglichen Schnappstiche:

♠ B 8 5 4   ♡ 5   ♢ K 7 5 4 2   ♣ B 10 9

Heben Sie mit diesem Blatt Ihren Partner auf »2 Pik« bzw. auf »2 Karo«, wenn dieser mit »1 Pik« oder mit »1 Karo« eröffnet hat. Passen Sie aber, falls er »1 Coeur« oder »1 Treff« angesagt hat. Nach einer einfachen Hebung wird der Eröffner nicht weiter versuchen, aufs volle Spiel zu kommen, es sei denn, er hat ein sehr starkes Blatt.

Antwort 4: »Eins in neuer Farbe«

Die Nennung einer neuen Farbe auf der Einerstufe zeigt eine Stärke von 6 Punkten aufwärts, ist aber nach oben nicht begrenzt. Diese Reizung forciert, d. h. zwingt den Eröffner, mindestens noch ein Gebot abzugeben. Man sagt: Die Nennung einer neuen Farbe seitens des Partners ist für den Eröffner ein unbedingtes Forcing; er muß in der nächsten Bietrunde weiterreizen.

Mit den nachstehenden Blättern sollten Sie »1 Coeur« reizen, wenn Ihr Partner mit »1 Karo« eröffnet hat.

♠ D 8 5	♡ K D 8 6 3	◇ 9 5 4	♣ 5 4
♠ K 7 5 4	♡ A K 10 5 2	◇ A 7 5	♣ 8
♠ 5 4	♡ A D B 5	◇ A K 5 3	♣ D B 8

Wie man sieht, kann die Nennung einer neuen Farbe mit einem verhältnismäßig schwachen Blatt (erstes Beispiel), aber auch mit einer recht starken Hand (letztes Beispiel) erfolgen. Das ist der Grund, weshalb der Eröffner die Reizung auf jeden Fall durch ein zweites Gebot offenhalten muß. Wer nicht bereit ist, auf eine positive Antwort des Partners zu antworten, hat keine Eröffnung gehabt.

Starke Antworten

Antwort 1: »Zwei in neuer Farbe«

Die Nennung einer neuen Farbe auf der Zweierstufe verspricht 10 oder mehr Punkte. Reizen Sie also über »1 Pik« Ihres Partners mit

♠ K 9 3	♡ 5 4	◇ A 6 5	♣ D B 10 9 5
	»2 Treff«		
♠ D 6	♡ K 7 4 2	◇ K D B 7 3	♣ A 3
	»2 Karo«		
♠ 6 3	♡ A D B 8 5 2	◇ K B 8	♣ 4 3
	»2 Coeur«		

Antwort 2: »2 Sans Atout«

Die Ansage von »2 SA« zeigt eine eigene Eröffnung mit mindestens 12 Figurenpunkten, eine ausgeglichene Blattverteilung und »Stopper«, d. h. hohe Figuren, in allen Farben, ausgenommen der Eröffnungsfarbe des Partners. In dieser Farbe reichen zwei oder drei kleine Karten aus. Wenn also Ihr Partner mit »1 Coeur« eröffnet hat, dann reizen Sie »2 SA« zum Beispiel mit

| ♠ A D 9 | ♡ B 5 | ◇ K 6 4 3 | ♣ D 10 9 7 |

oder mit

| ♠ K 10 8 | ♡ 7 5 4 | ◇ A B 7 | ♣ A D 9 5 |

Antwort 3: »Die doppelte Hebung«

Die doppelte Hebung der vom Partner eröffneten Farbe zeigt ebenfalls eine eigene Eröffnung mit guter Trumpfunterstützung. Da der Endkontrakt jetzt ein Trumpfspiel wird, ist es vorteilhaft, wenn das Blatt unausgeglichen ist, d. h. Kürzen aufweist. Reizen Sie also über »1 Coeur« Ihres Partners »3 Coeur« zum Beispiel mit den Blättern

♠ A 5 4	♡ K D 9 4	◇ 7 3	♣ A D 5 3
♠ K 6	♡ A B 9 4	◇ A 9 7 6 3	♣ 9 5
♠ D B 2	♡ D 10 7 5 4	◇ A K B 5	♣ 7

Antwort 4: »Sprung in neuer Farbe«

Der Sprung in einer neuen Farbe zeigt ein sehr starkes Blatt mit 17 und mehr Punkten und garantiert ein volles Spiel auch dann, wenn der Partner mit einem verhältnismäßig schwachen Blatt eröffnet hat. Wenn Ihr Partner mit »1 Coeur« eröffnet hat, reizen Sie mit

♠ A 5	♡ K B 4	◇ A K D 7 3	♣ B 9 7
	»3 Karo«		
♠ A D B 9 5	♡ K 5	◇ 5 3	♣ A D B 4
»2 Pik«			

Test 7

Fragen:

1. Ihr Partner hat mit »1 Pik« eröffnet. Was reizen Sie mit:
   ♠ 8 6 5 3   ♡ A 7 5   ◇ 8 4 3   ♣ 5 4 3
2. Ihr Partner hat mit »1 Pik« eröffnet. Was reizen Sie mit:
   ♠ K B 6 5 3   ♡ K 5 3   ◇ 4 3   ♣ 9 6 5
3. Ihr Partner hat mit »1 Karo« eröffnet. Was reizen Sie mit:
   ♠ K B 8 6   ♡ 7 4 3   ◇ A 5   ♣ 7 6 4 2
4. Ihr Partner hat mit »1 Karo« eröffnet. Was reizen Sie mit:
   ♠ D 9 6   ♡ K 6   ◇ 10 9 4   ♣ D 9 8 5 3
5. Ihr Partner hat mit »1 Pik« eröffnet. Was reizen Sie mit:
   ♠ 6 4   ♡ A B 5   ◇ K D 9 7 4   ♣ B 6 3
6. Ihr Partner hat mit »1 Pik« eröffnet. Was reizen Sie mit:
   ♠ A D 6 3   ♡ 5   ◇ A B 10 6 3   ♣ B 10 8

7. Ihr Partner hat mit »1 Coeur« eröffnet. Was reizen Sie mit:
♠ K 6 4　　♡ 7 5 4　　♢ A D 5 4　　♣ K D 4

8. Ihr Partner hat mit »1 Treff« eröffnet. Was reizen Sie mit:
♠ —　　♡ K B 5　　♢ A D 10 6 4　　♣ A 9 6 5 2

9. Ihr Partner hat mit »1 Coeur« eröffnet. Was reizen Sie mit:
♠ B 10 4　　♡ K 8 6 5　　♢ K D B 4　　♣ 5 4

10. Ihr Partner hat mit »1 Coeur« eröffnet. Was reizen Sie mit:
♠ A B 10 5　　♡ D 8 4 3　　♢ 7 6　　♣ 8 3 2

11. Ihr Partner hat mit »1 Coeur« eröffnet. Was reizen Sie mit:
♠ A K D B 5 3　♡ 8 5　　♢ A 4 3　　♣ K 5

12. Ihr Partner hat mit »1 Coeur« eröffnet. Was reizen Sie mit:
♠ 7 5　　♡ D B 10 5　　♢ A K D 10 5　　♣ A 9

13. Ihr Partner hat mit »1 Karo« eröffnet. Was reizen Sie mit:
♠ A K　　♡ K D 10 9 6　　♢ D 6 3 2　　♣ A 5

14. Ihr Partner hat mit »1 Pik« eröffnet. Was reizen Sie mit:
♠ A 6　　♡ K D 9 6　　♢ A K B 5　　♣ B 9 5

Antworten

1. »Passe«. Das Blatt hat nur 4 Punkte, keinerlei Verteilungswerte, es besteht also kein Grund, die Reizung offenzuhalten.

2. »2 Pik«. Das Blatt hat nur 7 Figurenpunkte und 1 Verteilungspunkt. Die 5 Trümpfe sind sehr schön, sie sollten Sie aber nicht dazu verleiten, ein höheres Gebot abzugeben.

3. »1 Pik«. 8 Punkte mit einer bietbaren Pikfarbe. 1 Sans Atout wäre nicht gut, denn eine vierer Oberfarbe mit zwei Figuren sollte man nicht verschweigen.

4. »1 Sans Atout«. Mit nur 7 Punkten kann man die Treff-Farbe auf der Zweierstufe nicht ansagen, weil man damit mindestens 10 Punkte versprechen würde, die man nicht hat. Eine Ansage von 2 Karo wäre auch noch vertretbar, doch ist «1 SA» vorzuziehen.

5. »2 Karo«. 11 Punkte und eine gute Karolänge berechtigen Sie, in die Zweierstufe zu gehen.

6. »3 Pik«. Sie haben selbst Eröffnungsstärke mit sehr guter Trumpfunterstützung, eine doppelte Hebung in der Trumpffarbe ist gerechtfertigt. Sie könnten auch zuerst 2 Karo reizen, um in der nächsten Bietrunde die Trumpffarbe im Sprung zu unterstützen.

7. »2 Sans Atout«. Sie haben eine eigene Eröffnung mit 14 Figurenpunkten, alle drei Farben, die der Partner nicht gereizt hat, durch hohe Figuren geschützt. Ein volles Spiel sollte gereizt und erfüllt werden.

8. »2 Karo«. Dieses starke Blatt mit 14 Figuren und 3 Verteilungspunkten für das Chicane in Pik, dazu noch die sehr gute Trumpfunterstützung rechtfertigen den Sprung in der Karofarbe.

9. »2 Karo«. Diese Hand mit 10 Figurenpunkten und guter Trumpfunterstützung ist zu stark für eine einfache Trumpfhebung, aber zu schwach für eine Sprunghebung auf 3 Coeur. Daher zuerst ein Gebot, das die Stärke der Hand zeigt, um in der nächsten Bietrunde die Trumpfunterstützung zu zeigen.

10. »2 Coeur«. Mit dieser schwachen Hand kann man nur ein Gebot abgeben, und da ist die Coeurhebung konstruktiver als etwa die Ansage von »1 Pik«, die ebenfalls möglich wäre.

11. »2 Pik«. Mit 17 Figurenpunkten und einer so starken Pikfarbe ist ein Sprung in einer neuen Farbe angezeigt, denn nur so können wir dem Partner schon in der ersten Bietrunde mitteilen, daß unser Blatt ein volles Spiel auf jeden Fall garantiert.

12. »3 Karo«. Die 16 Figurenpunkte und die sehr gute Trumpfunterstützung rechtfertigen diesen Sprung in Karo. In der zweiten Bietrunde werden wir die Trumpfunterstützung zeigen.

13. »2 Coeur«. Das Blatt hat 18 Figurenpunkte und eine gute Trumpfunterstützung, genügend Werte also für einen Sprung in neuer Farbe.

14. »3 Karo«. Ohne sicheren Treffstopper sollte man nicht in SA springen, sondern erst in einer neuen Farbe und das zweite Gebot des Partners abwarten. Das Blatt ist mit seinen 18 Punkten so stark, daß man auch mit einer Viererlänge in Karo springen kann, was man sonst gewöhnlich nur mit Fünfer- und Sechserlängen macht.

Das Wiedergebot des Eröffners

Das Wiedergebot des Eröffners, auch »rebid« (sprich: ribid) genannt, ist der Angelpunkt der Reizung. Es gibt dem Eröffner Gelegenheit, Stärke und Struktur seines Blattes dem Partner mitzuteilen und ist vom eigenen Blatt und von der Antwort des Partners abhängig, die dieser auf das Eröffnungsgebot abgegeben hat. Zählen Sie als Eröffner die Punkte, die Ihnen Ihr Partner mit seiner Ansage mitgeteilt hat, zur Punktzahl Ihres Blattes hinzu und stellen Sie fest, ob Sie auf die für ein volles Spiel erforderliche Punktzahl von 26 Punkten kommen können. Danach wird sich Ihr Wiedergebot zu richten haben:

Gebot 1: Rebid auf »Passe«

Der Partner hat auf die Eröffnung gepaßt. Wenn jetzt der zweite Gegner auch paßt, ist die Reizung beendet. Häufig belebt jedoch dieser die Reizung wieder, und Sie können nochmals in die Reizung gehen. Dies sollten Sie jedoch nur mit guten Blättern wie den folgenden tun:

♠ A K D 7 6 3   ♡ A 3   ◇ K 5   ♣ 9 8 4
♠ A D 1 0 9 5   ♡ A D B 6 4   ◇ 9   ♣ 8 5

Mit solchen Blättern können Sie ein Wiedergebot machen, selbst wenn der Partner gepaßt hat. Reizen Sie mit dem ersten Blatt »2 Pik« und mit dem zweiten »2 Coeur«.

Gebot 2: Rebid auf »1 SA«

Der Partner hat »1 Sans Atout« geboten. Da die Stärke seines Blattes nach oben begrenzt ist (6 bis 9 Punkte), sollten Sie die Reizung mit weniger als 17 Punkten nicht unnötig hochtreiben, denn Sie können nicht mehr auf die Zahl 26 kommen. Passen Sie also mit 13 bis 16 Punkten und einem ausgeglichenen Blatt wie diesem:

♠ D 7 3   ♡ A K 9 5 3   ◇ D 6   ♣ A 7 3

Mit einem unausgeglichenen Blatt sollten Sie aber einen Farbkontrakt anstreben. Reizen Sie also mit

♠ 9 3   ♡ A K B 8 7 3   ◇ K D 5   ♣ 5 3
                 »2 Coeur«

♠ K 6 5   ♡ A D 6 5 2   ◇ 4   ♣ K D 10 5
                 »2 Treff«

Ihr Partner wird im ersten Fall auf »2 Coeur« passen. Im zweiten Fall wird
er auf »2 Treff« passen, wenn er mehr Treff- als Coeurkarten hat. Hält er
aber mehr Coeurkarten, so muß er auf »2 Coeur« verbessern.

Halten Sie ein starkes ausgeglichenes Blatt, so reizen Sie mit 17 bis 19
Punkten »2 SA« und mit 20 bis 21 Punkten »3 SA«. Ist Ihr Blatt stark und
unausgeglichen, dann reizen Sie im Sprung weiter. Reizen Sie also im Rebid
mit

♠ 5   ♡ A K B 9 5   ◇ A 5   ♣ K D 10 8 6
                 »3 Treff«

♠ A K D B 9 7   ♡ 8 5   ◇ A 6   ♣ K 10 9
                 »3 Pik«

Gebot 3: Rebid auf einfache Hebung

Der Partner hat Ihre Eröffnungsfarbe einfach gehoben und damit ein
schwaches Blatt mit höchstens 9 Punkten gezeigt. Liegt Ihre Eröffnungsstärke im unteren Bereich, sollten Sie passen, da ein volles Spiel höchst
unwahrscheinlich ist. Reizen Sie nur mit einem starken Blatt und einer
guten Trumpffarbe weiter:

♠ A D 6   ♡ A K 9 6 5 3   ◇ 7   ♣ D B 5

Mit diesem Blatt sollten Sie noch einen Versuch machen und »3 Coeur«
reizen. Der Partner wird darauf mit Minimum, das heißt 6 bis 7 Punkten in
seinem Blatt passen, jedoch auf »4 Coeur« gehen, wenn er 8 bis 9 Punkte
aufzuweisen hat. Beim folgenden Blatt ist Ihr Rebid völlig klar:

♠ K 6   ♡ A K B 10 6 5   ◇ K 3   ♣ A B 4

Sagen Sie »4 Coeur« an, denn das volle Spiel sollte hier selbst mit nur
6 bis 7 Punkten beim Partner sicher sein.

Gebot 4: Rebid auf doppelte Hebung

Nach doppelter Trumpfhebung seitens des Partners sagen Sie auch mit minimaler Eröffnungsstärke die Partie an. Der Partner hat Sie mit seiner Sprungreizung schließlich dazu aufgefordert.

Gebot 5: Rebid auf »2 SA«

Eine »2 SA«-Ansage des Partners zeigt ebenfalls eine Eröffnung und garantiert das volle Spiel. Reizen Sie nach einer »1 Coeur«-Eröffnung »3 SA« mit einem ausgeglichenen Blatt und wiederholen Sie Ihre Farbe oder bieten Sie Ihre zweite Farbe an mit einem unausgeglichenen Blatt:

♠ K 7 4   ♡ A D B 8 5   ◇ K 3   ♣ B 7 3
Bieten Sie »3 SA«

♠ 5   ♡ A D B 8 5   ◇ D 5 4 2   ♣ K D 10
Bieten Sie »3 Coeur«

♠ K 2   ♡ A K B 9 8 2   ◇ A 5 3   ♣ 7 3
Bieten Sie »4 Coeur«

♠ 9   ♡ A D B 6 5   ◇ A K 9 5 3   ♣ B 4
Bieten Sie »3 Karo«

Gebot 6: Rebid auf »Eins in neuer Farbe«

Durch die Ansage einer eigenen Farbe als Antwort auf Ihre Eröffnung forciert Sie der Partner für eine weitere Bietrunde. Sie müssen jetzt mit Ihrem Wiedergebot Ihrem Partner weitere Auskunft über Stärke und Verteilung Ihres Blattes geben. Liegt die Eröffnungsstärke Ihres Blattes im unteren Bereich, also unter 16 Punkten, so können Sie das Ihrem Partner dadurch mitteilen, daß Sie
— »1 SA« reizen,
— Ihre Eröffnungsfarbe wiederholen,
— die Farbe Ihres Partners einfach heben,
— eine neue Farbe ansagen, die in der Rangfolge unter Ihrer Eröffnungsfarbe liegt.

Nach einer Eröffnung von »1 Karo« und einer Partnerantwort von »1 Pik« reizen Sie mit

♠ K 6   ♡ D B 9   ◇ A B 4 2   ♣ K 10 9 4
»1 SA«

♠ D 7	♡ K 4 2	◇ A D 10 9 5 3	♣ D 2
	»2 Karo«		
♠ B 6 5 2	♡ A 3	◇ A K 9 8	♣ B 9 7
	»2 Pik«		
♠ 9	♡ 7 5	◇ A K 7 5 3	♣ A B 10 6 3
	»2 Treff«		

Mit stärkeren Blättern springen Sie, je nach Struktur des Blattes, in Ihrer eigenen Farbe oder auf »2 SA«, oder Sie heben die Farbe des Partners im Sprung. Halten Sie ein Blatt mit 17 oder mehr Punkten, so geben Sie ein Sprunggebot in einer neuen Farbe ab.

Gebot 7: Rebid auf Sprung in neuer Farbe

Hat Ihr Partner mit einem Sprung in einer neuen Farbe forciert, ist ein volles Spiel sicher. Durch Ihr Rebid tragen Sie dazu bei, daß Sie den besten Kontrakt finden. Vielleicht erlaubt es die Stärke Ihrer beiden Blätter sogar, nun einen »Schlemm« anzustreben.

Test 8

Fragen:

1. Als Süd halten Sie:

   ♠ K B 7 5 3   ♡ A 4   ◇ K 8 6   ♣ A 9 3

   Die Reizung ging:

Süd	West	Nord	Ost
1 Pik	Passe	2 Pik	Passe
?			

   Was bieten Sie jetzt?

2. Als Süd halten Sie:

   ♠ A 10 5   ♡ A K D 10 7   ◇ 6 4 3   ♣ K 5

   Die Reizung ging:

Süd	West	Nord	Ost
1 Coeur	Passe	2 Treff	Passe
?			

   Was bieten Sie jetzt?

3. Als Süd halten Sie:
   ♠ A K 10 5   ♡ A B 3   ♢ K D B 7 4   ♣ 8
   Die Reizung ging:

Süd	West	Nord	Ost
1 Karo	Passe	1 Coeur	Passe
?			

   Was bieten Sie jetzt?

4. Als Süd halten Sie:
   ♠ A K 10 6 4   ♡ 5 3   ♢ A D 5 3   ♣ 4 3
   Die Reizung ging:

Süd	West	Nord	Ost
1 Pik	Passe	2 Coeur	Passe
?			

   Was bieten Sie jetzt?

5. Als Süd halten Sie:
   ♠ 5   ♡ A D B 7 2   ♢ 5 4   ♣ A K 10 9 8
   Die Reizung ging:

Süd	West	Nord	Ost
1 Coeur	Passe	2 Karo	Passe
?			

   Was bieten Sie jetzt?

6. Als Süd halten Sie:
   ♠ K B 7 5   ♡ K D B 9 5   ♢ A D 8   ♣ 3
   Die Reizung ging:

Süd	West	Nord	Ost
1 Coeur	Passe	2 Coeur	Passe
?			

   Was bieten Sie jetzt?

7. Als Süd halten Sie:
   ♠ A K D 9 6   ♡ A K B 6   ♢ 5   ♣ K 5 3
   Die Reizung ging:

Süd	West	Nord	Ost
1 Pik	Passe	1 SA	Passe
?			

   Was bieten Sie jetzt?

8. Als Süd halten Sie:

♠ A B 7 5 4   ♡ A 3   ♢ K 6 5   ♣ D 9 5

Die Reizung ging:

Süd	West	Nord	Ost
1 Pik	Passe	2 SA	Passe
?			

Was bieten Sie jetzt?

9. Als Süd halten Sie:

♠ D 10 7   ♡ A D 5 4   ♢ 8 5   ♣ A K B 9

Die Reizung ging:

Süd	West	Nord	Ost
1 Treff	Passe	2 Pik	Passe
?			

Was bieten Sie jetzt?

Antworten:

1. »Passe«. Der Partner zeigt wohl eine gute Trumpfunterstützung, aber ein schwaches Blatt mit höchstens 9 Punkten. Sie können also mit Ihren insgesamt 16 Punkten im besten Fall auf 25 Punkte kommen. Da eine Manche nicht erreichbar ist, treiben Sie die Reizung nicht unnötig höher. Lassen Sie sich nicht von der verhältnismäßig guten Trumpffarbe blenden, mit den Trümpfen allein gewinnt man kein Spiel.

2. »3 Coeur«. Mit einer so starken Trumpffarbe und 16 Figurenpunkten, darunter der König in der vom Partner angesagten Farbe, ist eine Sprungreizung angezeigt. Da der Partner mit seiner Ansage 10 Punkte gezeigt hat, ist das volle Sipel zu reizen. Sagt der Partner jetzt »3 SA« an, dann passen Sie. Es dürfte der beste Kontrakt sein.

3. »2 Pik«. Mit diesem starken Blatt und der guten Coeurunterstützung müssen Sie Ihren Partner zwingen, noch einmal zu reizen. Vielleicht hat er insgesamt wenig Figuren, aber eine Fünfer- oder gar Sechserlänge in Coeur mit dem König oder der Dame an der Spitze. Das würde dann für ein volles Spiel schon reichen. Würden Sie nur »1 Pik« reizen, könnte Ihr Partner leicht wegpassen. Andererseits wäre ein Gebot Ihrerseits von »4 Coeur« zu gewagt, denn Ihr Partner hat vielleicht nur ein Vierercoeur, jedoch eine gute Treffhaltung. Damit wäre zwar »3 SA«. aber nicht »4 Coeur« zu gewinnen.

4. »2 Pik«. Obwohl Sie ein ordentliches Eröffnungsblatt haben, ist kein

anderes Rebid besser. Um auf der Dreierstufe die Karofarbe zu zeigen, ist das Blatt doch ein wenig zu schwach an Figuren. Hingegen ist die Pikfarbe mit As, König, Zehn und den zwei kleinen Karten lang und stark genug, um wiederholt zu werden.

5. »3 Treff«. Dieses Blatt mit 2 Fünferlängen und 14 Figurenpunkten, wobei alle Figuren in den langen Farben sind, ist stark genug, um auf der Dreierstufe die zweite Farbe zu zeigen.

6. »3 Coeur«. Mit dieser starken Coeurfarbe und 16 Figurenpunkten muß man noch einen Versuch machen, auf das volle Spiel zu kommen. Der Partner wird auf »4 Coeur« heben, wenn sein Blatt nicht ein absolutes Minimum von 5 bis 7 Punkten darstellt.

7. »3 Coeur«. Nachdem der Partner mit seiner » 1 SA«-Antwort mindestens 6 Punkte gezeigt hat, muß Süd auf das volle Spiel zusteuern. Dies erreicht er am einfachsten durch ein Sprunggebot in Coeur, das den Partner zwingt, weiterzureizen. Korrigiert dieser auf »3 Pik«, wird Süd »4 Pik« ansagen. Hält Nord aber beispielsweise 4 kleine Coeurkarten, wird er »4 Coeur« melden, was in diesem Fall der beste Kontrakt sein dürfte. Reizt er hingegen »3 SA«, kann Süd beruhigt passen, er hat genügend Werte, um 9 Stiche in einem Ohne-Kontrakt zu erzielen.

8. »3 Sans Atout«. Das Blatt ist mit nur einer Fünferlänge ausgeglichen; die Pikfarbe ist nicht so stark, daß sie unbedingt wiederholt werden müßte. Außerdem bringen Sie noch in jeder Farbe eine hohe Figur mlt, so daß »3 SA« der beste Kontrakt sein sollte.

9. »3 Pik«. Die spontane Trumpfhebung zeigt dem Partner, daß Sie eine gute Eröffnung haben mit einer guten Trumpfunterstützung. Da eine im Sprung gereizte Farbe eine gute Fünferfarbe sein sollte, ist D 10 7 als gute Unterstützung zu bewerten. Der Partner hat jetzt freie Hand, die Reizung weiterzuführen. Die Coeurfarbe noch anzusagen wäre nicht sehr sinnvoll, nachdem schon eine gute Trumpffarbe gefunden worden ist. Ohne die Pik Dame hätten Sie nur 14 Punkte und keine Trumpfunterstützung. In diesem Fall wäre »2 SA« die richtige Antwort.

Der Schlemm und wie man ihn reizt

Nicht selten sind die Blätter von zwei Partnern so stark an Figuren, und sie ergänzen sich so gut — man sagt, ein guter »fit« sei vorhanden —, daß 12 oder gar alle 13 Stiche gemacht werden können.

Ein Spiel, das auf 12 Stiche, also bis zur Sechserstufe, gereizt wird, heißt Kleinschlemm. Verpflichtet man sich auf alle 13 Stiche und reizt bis zur Siebenerstufe, so hat man einen Großschlemm angesagt. Für den angesagten und erfüllten Schlemm gibt es zusätzlich hohe Prämien: für den Kleinschlemm 500 in der Nicht-Gefahr und 750 in der Gefahrenzone, für den Großschlemm 1000 in der ersten und 1500 in der zweiten Zone. Deshalb sollte man den Schlemm immer ausreizen, wenn die gemeinsame Stärke mindestens 12 Stiche als sicher erscheinen läßt.

Für den Kleinschlemm sind im allgemeinen insgesamt 33 Punkte erforderlich. Hat man die, so haben die Gegner nur insgesamt 7 Punkte, und es besteht keine Gefahr, daß sie gleich 2 Asse abspielen, womit der Kontrakt schon gefallen wäre. Für einen Großschlemm, der allerdings recht selten vorkommt und nur von Spielern mit Erfahrung gereizt werden sollte, sind mindestens 37 Punkte notwendig. Die Gegner dürfen hier kein As (= 4 Punkte) besitzen.

Um den Schlemm zu erreichen, gibt es mehrere Möglichkeiten und Wege:

Die direkte Schlemm-Ansage

Wenn Sie aufgrund der Reizung sicher sind, daß Sie mit Ihrem Partner zusammen mindestens 33 Punkte halten, sagen Sie den Schlemm an. Wenn Sie also das Blatt:

♠ A D B 6 4   ♡ K D 8   ◇ A 6   ♣ A 5 3

mit »1 Pik« eröffnet haben und Ihr Partner »3 Pik« geantwortet hat, womit er 13 bis 16 Punkte zeigt, sagen Sie »6 Pik« an.

Oder Ihr Partner hat mit »1 Coeur« eröffnet, Sie haben »2 Karo« gesagt mit

♠ K 3   ♡ K 10 4   ◇ A D B 8 4   ♣ A 7 5

Ihr Partner reizt jetzt im Sprung »3 Coeur« und zeigt damit ein starkes Blatt mit mindestens 16 Punkten und einer guten Coeurfarbe. Da Sie selber 17 Punkte halten mit dem wichtigen Trumpfkönig und der starken Karofarbe, sagen Sie »6 Coeur« an. Es ist fast ausgeschlossen, daß die Gegner mehr als einen Stich machen können.

Die Blackwood-Konvention

Unter dem Begriff »Konvention« versteht man im Bridge künstliche Ansagen, die nur in einer ganz bestimmten Bietsituation gemacht werden können und dann eine ganz bestimmte Bedeutung haben. Eine dieser Konventionen ist die nach ihrem »Erfinder« benannte Blackwood-Konvention.

Hat man während der Reizung den Eindruck gewonnen, daß die Stärke der Blätter einschließlich der Verteilungswerte ausreichen würde, um 12 Stiche zu erzielen, sofern die Gegner höchstens eines der vier Asse besitzen, kann man mit Hilfe der Blackwood-Konvention den Partner fragen, wieviel Asse er in seinem Blatt hält. Die Frage lautet: »4 Sans Atout«. Das heißt: »Partner, wieviel Asse haben Sie?« Die Antwort kann lauten:

— »5 Treff« = ich habe kein As
— »5 Karo«   = ich habe 1 As
— »5 Coeur« = ich habe 2 Asse
— »5 Pik«   = ich habe 3 Asse
— »5 SA«   = ich habe 4 Asse

Beachten Sie, daß die Ansagen mit den genannten Farben in diesem Fall nichts zu tun haben. Sie sind künstlich und geben nur die Anzahl der Asse an.

Sehen wir uns die Anwendung dieser Konvention an zwei Beispielen an. Sie halten folgendes Blatt auf Süd:

♠ K 5 3   ♡ D 10 7 4   ♢ 6 4   ♣ A K D 7

Die Reizung verläuft wie folgt:

Nord	Ost	Süd	West
1 Coeur	Passe	3 Coeur	Passe
4 SA	Passe	?	

Mit »4 SA« hat Sie Ihr Partner nach der Anzahl Ihrer Asse gefragt. Sie antworten pflichtgemäß »5 Karo« und zeigen damit 1 As an. Reicht dem Fragenden dieses eine As aus, wird er »6 Coeur« ansagen, wenn nicht, dann wird er nur »5 Coeur« melden, worauf Sie passen müssen.

Nach derselben Reizung wie vorher halten Sie dieses Blatt:

♠ A 5 3   ♡ D 7 5 4   ♢ A 10 9 4   ♣ A 2

Den Besitz von 3 Assen teilen Sie Ihrem Partner mit, indem Sie »5 Pik« antworten. Jetzt kann der Fragende unter »6 Coeur« gar nicht mehr stehenbleiben, denn »5 Coeur« sind schon überschritten. Aber nachdem der Eröffner mit höchstens einem As Schlemmambitionen gezeigt hat, muß sein Blatt so beschaffen sein, daß der Kontrakt mit Ihren 3 Assen »kalt«, das heißt absolut sicher ist.

Die Gerber-Konvention

Mit der Gerber-Konvention erreicht man dasselbe wie mit der Blackwood-Konvention: Man erfährt die Anzahl der Asse des Partners. Gerber hat die Frage von »4 SA« vorverlegt auf »4 Treff« in der Erkenntnis, daß die Fünferstufe manchmal schon zu hoch ist. Wenn der Fragende nämlich nicht genügend Asse von seinem Partner erfährt, ist das Spiel unter Umständen schon gefallen und man setzt mit dem Schlemmversuch, der dann doch abgebrochen wird, einen sicheren Kontrakt auf der Viererstufe aufs Spiel. Dagegen kann man nach der »4 Treff«-Frage noch bei »4 Coeur« oder »4 Pik« stoppen. Die Antworten auf die »4 Treff«-Frage lauten:
— »4 Karo«   = ich habe kein As
— »4 Coeur«   = ich habe 1 As
— »4 Pik«   = ich habe 2 Asse
— »4 SA«   = ich habe 3 Asse
— »5 Treff«   = ich habe 4 Asse
Mit »4 Treff« sollte allerdings nicht nach den Assen gefragt werden, wenn im Verlauf des Bietprozesses Treff als Farbe gereizt worden ist, weil dann oft nicht völlig klar ist, ob es die Frage nach den Assen sein soll oder eine Wiederholung beziehungsweise Unterstützung, also Hebung der bereits gereizten Farbe. Viele Spieler benützen beide Konventionen dergestalt, daß sie nach einer Sans-Atout-Eröffnung mit »4 Treff« fragen, nach einer Farberöffnung jedoch mit »4 SA«. Auf diese Weise kann es zu keinen Mißverständnissen kommen.
Die weiteren Möglichkeiten, den Schlemm zu erreichen, können in diesem Buch nicht behandelt werden, da sie den Rahmen des Buches sprengen würden. Im übrigen kommt man mit den hier aufgezeigten Methoden ganz gut aus.

Das Wiedergebot des Partners

Ihr Partner hat eröffnet, Sie haben geantwortet, und der Eröffner hat sein Wiedergebot oder Rebid abgegeben. Nun sind Sie wieder an der Reihe, wobei wir immer noch voraussetzen wollen, daß die Gegner nicht in die Reizung eingegriffen haben. Ihr Wiedergebot ist entscheidend für den richtigen Endkontrakt, deshalb muß es sorgfältig überlegt werden.

Hat der Eröffner ein forcierendes, das heißt für Sie zwingendes Wiedergebot abgegeben, so müssen Sie »mitgehen« und weiterreizen, auch wenn Ihr Blatt schwach ist. Zeigt aber das Rebid des Eröffners, daß seine Stärke im unteren Bereich der Eröffnungen liegt, also bei 13 bis 15 Punkten, so muß sich Ihre zweite Ansage nach Ihrem Blatt richten. Halten Sie nur 6 bis 9 Punkte, dann werden Sie im allgemeinen passen oder, falls der Eröffner zwei Farben angeboten hat, auf die verbessern, von der Sie mehr Karten haben. Die nachstehenden Beispiele sollen dies verdeutlichen.

Die Reizung ging:

Nord	Ost	Süd	West
1 Karo	Passe	1 Pik	Passe
1 Sans Atout	Passe	?	
oder 2 Karo	Passe	?	
oder 2 Pik	Passe	?	

Sie halten:

♠ A B 6 4 3   ♡ D 5 3   ♢ 8 6 5   ♣ 9 3

Mit diesem Blatt passen Sie auf jedes der drei Wiedergebote des Eröffners, denn er hat keine starke Eröffnung, sonst hätte er anders gereizt. Auch Ihr Blatt ist schwach, so daß Sie auf keine 26 Punkte kommen können, die zur Manche notwendig sind. Wäre das Rebid des Eröffners »2 Treff« gewesen, müßten Sie jetzt auf »2 Karo« korrigieren, denn Sie haben 3 Karo-, aber nur 2 Treffkarten. Diese Korrektur Ihrerseits verspricht keinerlei zusätzliche Stärke, sondern sie besagt nur, daß diese Farbe in Ihrem Blatt eben besser, das heißt länger ist als die andere. Scheuen Sie sich also nicht, die bessere Trumpffarbe auszuwählen mit der Begründung, Ihr Blatt sei schwach und Sie hätten nichts mehr anzusagen. Es ist Ihre Pflicht, Ihren Partner auf die bessere Trumpffarbe zu bringen.

Halten Sie 10 bis 12 Punkte, dann ist ein volles Spiel schon sehr wahrscheinlich, es sei denn, Ihr Partner hat eine ganz schwache Eröffnung. Immerhin sollten Sie noch einen Versuch machen und noch einmal reizen. Sehen wir uns auch dazu einige Beispiele an.

Die Reizung ging:

Nord	Ost	Süd	West
1 Coeur	Passe	1 Pik	Passe
2 Treff	Passe	?	

Sie halten:

♠ K B 8 7 4 ♡ D 5 3 2 ♢ A 10 7 ♣ 5

Reizen Sie mit diesem Blatt »3 Coeur« und zeigen Sie mit dieser Sprungkorrektur, daß Sie nicht nur der Coeurfarbe den Vorzug geben, sondern auch ein Blatt haben, das volles Spiel in Aussicht stellt.

Sie halten:

♠ A B 7 4 ♡ B 6 ♢ 7 6 2 ♣ K D 4 2

Mit diesem Blatt sollten Sie jetzt »3 Treff« ansagen und damit den Partner einladen, das Spiel auszureizen.

Sie halten:

♠ D B 9 5 3 ♡ K 5 ♢ K B 10 ♣ B 9 3

Mit diesem Blatt sagen Sie »2 SA« an. Sie haben in der nicht gereizten Karofarbe eine sichere Deckung und Anschluß an die zwei Farben Ihres Partners. Darüber hinaus haben Sie 11 Figurenpunkte.

Mit mehr als 12 Punkten sagen Sie das volle Spiel entweder selber an oder sie forcieren den Eröffner durch ein weiteres starkes Gebot.

Die Reizung ging:

Nord	Ost	Süd	West
1 Coeur	Passe	2 Treff	Passe
2 Coeur	Passe	?	

Mit dem Blatt

♠ A 4   ♡ K 9 5   ◇ K D 5   ♣ D B 7 5 3

sagen Sie jetzt »4 Coeur« an. Das Rebid Ihres Partners zeigt Ihnen dessen gute Länge in dieser Farbe an.

Mit dem Blatt

♠ K D 5 3   ♡ 8 4   ◇ D 5   ♣ A K B 7 5

reizen Sie »3 Pik«. Der Eröffner muß auf diesen Sprung weiterreizen. Er kann es sich aber aussuchen, ob er das volle Spiel in Sans Atout oder in einer Trumpffarbe ansagen soll.

Sans-Atout-Eröffnungen und Antworten

Eröffnung »1 Sans Atout«

Mit »1 Sans Atout« ist jedes Blatt zu eröffnen, das 16 bis 18 Punkte und eine ausgeglichene Farbverteilung aufweist. Eine Einzelkarte, ein Single, darf in keiner Farbe sein. Eine Fünferlänge ist möglich, jedoch nur in Treff oder Karo. Mindestens 3 der 4 Farben sollten durch hohe Figuren gedeckt sein; Verteilungspunkte werden verständlicherweise nicht gezählt, da es keinen Trumpf gibt. Die ideale Sans-Atout-Verteilung ist 4 : 3 : 3 : 3 wie beispielsweise folgende Austeilung:

♠ K B 7   ♡ A 10 4   ♢ D 10 9 5   ♣ A K 3

Zur »Sans-Atout-Familie« gehören noch die Verteilungen 4 : 4 : 3 : 2 und 5 : 3 : 3 : 2, zum Beispiel:

♠ D B 10 4   ♡ A 7 5   ♢ K 9   ♣ A D B 9
♠ A 6   ♡ K D 9   ♢ D B 8   ♣ K B 10 6 3

Wenn alle Figuren in zwei Farben massiert sind und infolgedessen die zwei anderen Farben ohne »Stopper« sind, sollte man trotz der 16 bis 18 Punkte nicht mit Sans Atout, sondern mit einer Farbe eröffnen. Auch hierzu ein Beispiel:

♠ 7 5   ♡ A K D 6   ♢ A K B   ♣ 9 8 6 3

Dieses Blatt mit 17 Punkten sollten Sie nicht mit »1 Sans Atout«, sondern mit »1 Coeur« eröffnen, da alle Figuren in den beiden roten Farben stehen.

♠ K 6 4   ♡ D B 10 5 3   ♢ A D 3   ♣ A 2

Eröffnen Sie dieses Blatt mit 16 Punkten nicht mit »1 SA«, sondern mit »1 Coeur«. Der Fünfer-Edelfarbe ist zunächst der Vorzug zu geben. Das bedeutet freilich nicht, daß schließlich nicht doch noch SA gespielt werden kann, aber in der Eröffnung sollten Sie einen Coeurkontrakt anbieten. Den Endkontrakt kann der Partner bestimmen.

Antworten auf die Eröffnung »1 Sans Atout«

Wer mit »1 SA« eröffnet, zeigt nicht nur ein ausgeglichenes Blatt mit 16 bis 18 Punkten, sondern er bekundet auch die Bereitschaft, das Spiel ohne Trumpf zu spielen. Deshalb sollten Sie als Partner mit einem einigermaßen ausgeglichenen Blatt — also ohne Chicane und ohne Single — beim SA bleiben. Das volle Spiel, also 3 SA, wird Ihr Partner erfüllen, wenn Sie 10 Punkte mitbringen, da 26 Punkte ausreichen. Mit 8 oder 9 Punkten können Sie noch auf 26 kommen, wenn Ihr Partner mit Maximum, das heißt mit 17 oder 18 Punkten eröffnet hat. Diese Überlegungen liegen den folgenden Regeln für die Antworten zugrunde:
— Passen Sie mit 0 bis 7 Punkten.
— Heben Sie mit 8 oder 9 Punkten auf »2 SA«. Der Eröffner wird passen, wenn er mit Minimum, das heißt mit 16 Punkten, eröffnet hat. Er wird aber mit 17 und 18 Punkten »3 SA« ansagen, da die beiden Blätter sicher 25, wahrscheinlich aber 26 Punkte enthalten.
— Bieten Sie mit 10 bis 15 Punkten »3 SA«.
— Sagen Sie mit 16 bis 18 Punkten »6 SA« an nach der Faustregel: Sans Atout plus Sans Atout gibt Schlemm.
Mit einem sehr unausgeglichenen Blatt ist es meist vorteilhafter, einen Farbkontrakt zu spielen. Dennoch empfiehlt es sich nicht, mit einem ganz schwachen Blatt, zum Beispiel mit 2 bis 3 Punkten, eine Ansage zu machen, da diese ja auf der Zweierstufe erfolgen müßte. Halten Sie aber 5 bis 7 Punkte, sagen Sie Ihre lange Farbe an, vor allem, wenn diese eine Oberfarbe ist.
Sagen Sie also »2 Coeur« an mit Blättern wie diesen:

| ♠ 5 | ♡ B 10 8 6 5 3 | ◇ K D 5 | ♣ 7 4 3 |
| ♠ K 5 | ♡ D 10 9 6 4 | ◇ B 9 8 5 | ♣ 5 3 |

Auf diese Ansage muß der Eröffner passen. Der Partner hat mit seiner Ansage deutlich zum Ausdruck gebracht, daß nichts anderes als »2 Coeur« gespielt werden soll.
Mit stärkeren unausgeglichenen Blättern sagen Sie Ihre lange Farbe im Sprung an, also auf der Dreierstufe. Damit bringen Sie zum Ausdruck, daß volles Spiel sicher ist, daß sogar Schlemm unter Umständen möglich sein könnte. Zum Beispiel:

♠ A 5 ♥ 7 5 ♦ K D 10 9 6 ♣ K 9 6 4
♠ K B 9 7 3 2 ♥ 4 ♦ A D 4 2 ♣ 9 3
♠ A 5 3 ♥ A D B 5 4 ♦ K 5 2 ♣ K 8

Reizen Sie also mit dem ersten Blatt »3 Karo«, mit dem zweiten Blatt »3 Pik« und mit dem letzten Blatt »3 Coeur«. Antwortet der Eröffner mit »3 SA«, so passen Sie mit dem ersten Blatt, sagen Sie »4 Pik« an mit dem zweiten und »6 SA« mit dem dritten Blatt. Mit Ihren 17 Punkten müßte der Schlemm unproblematisch sein. Auch mit dem mittleren Blatt ist ein Schlemm möglich, wenn der Eröffner auf »4 Pik« hebt. Mit Hilfe der Asfrage kann man dann entscheiden, ob man den Schlemm ansagen kann oder nicht.

Eröffnung »2 Sans Atout« und »3 Sans Atout«

Ausgeglichene Blätter, die in allen vier Farben durch Figuren gedeckt sind, eröffnet man mit »2 Sans Atout«. Zum Beispiel:

♠ K D 3 ♥ K B 9 4 ♦ A K 6 ♣ A D B
♠ D B 9 7 ♥ A B 10 ♦ A K B ♣ A K 5

Der Partner darf beim SA-Eröffner immer den Mittelwert annehmen. Bei einer »2 SA«-Eröffnung kann er also 23 Punkte voraussetzen. Infolgedessen soll er mit 0 bis 2 Punkten passen, da volles Spiel nicht wahrscheinlich ist. Mit 3 bis 9 Punkten soll er auf »3 SA« heben. Mit 10 und mehr Punkten sollte er den Schlemm ansteuern, sicherheitshalber über den Weg der Asfrage nach der bereits bekannten Gerber-Konvention.
Mit einer unausgeglichenen Hand sollte der Partner einen Farbkontrakt anstreben. Dabei gilt, im Gegensatz zu den Antworten auf »1 SA«, hier folgendes:
Eine Farbansage auf der Dreierstufe zeigt ein gutes Blatt, das das volle Spiel garantiert. Die angesagte Farbe muß eine gute Fünferlänge sein. Die Ansage schließt auch die Möglichkeit eines Schlemms ein.
Die Ansage von »4 Coeur« oder »4 Pik« zeigt eine schwache Hand — etwa 3 bis 7 Punkte — mit mindestens Sechserlänge in einer der genannten Farben. Diese Ansage bedeutet folgendes: »Partner, mein Blatt ist für SA völlig ungeeignet, stark ist es auch nicht, aber ich werde mit Sicherheit 4 Coeur bzw. ›4 Pik‹ erfüllen.« Zum Beispiel:

♠ 3 ♥ D 10 8 7 6 3 ♦ K 5 3 ♣ 7 5 4

Ausgeglichene Blätter mit 25 bis 27 Punkten werden mit »3 Sans Atout« eröffnet, da man die zum vollen Spiel notwendigen Punkte allein in der Hand hat. Jede Ansage des Partners zeigt Schlemminteresse, daher sollte dieser eine Ansage nur machen, wenn er berechtigte Hoffnungen hat, mit seinen Punkten die Schlemmstärke zu erreichen.

Neuerdings gibt es Bietsysteme, die »2 SA« schon mit 20 bis 22 Punkten eröffnen. Im »Acol-System« hat auch die »3 SA«-Eröffnung eine andere Bedeutung: Sie zeigt eine einfache Eröffnungsstärke mit einer stehenden Siebener-Unterfarbe. Zum Beispiel:

♠ 5   ♡ K 4   ♢ A K D 10 7 6 3   ♣ 6 4 3

Test 9

Fragen:

I. Was reizen Sie als Teiler mit den folgenden Blättern:

1. ♠ K D 5 4	♡ A	♢ A 8 7 5	♣ K B 5 4
2. ♠ 5 3	♡ A K B 6 5	♢ A D 4 3	♣ D 3
3. ♠ K B 5	♡ D B 6	♢ K B 7 4 2	♣ A D
4. ♠ A K 6	♡ 1 0 3 2	♢ K D 8 4	♣ A D 5
5. ♠ K B 6	♡ A D 3 2	♢ A B 5	♣ A B 9

II. Ihr Partner hat mit »1 Sans Atout« eröffnet. Was reizen Sie mit:

1. ♠ 9 7 3	♡ 8 7 5 2	♢ B 9 8 6	♣ 7 3
2. ♠ K 5	♡ D B 9 7 6	♢ 9 7 6 4	♣ 6 3
3. ♠ B 10 8 6	♡ A 6 5	♢ 7 5 4	♣ K B 3
4. ♠ D B 5	♡ A 7	♢ K 10 6 4	♣ 10 8 7 3
5. ♠ A B 10 7 6 4	♡ 5	♢ A 7 4	♣ K 5 3
6. ♠ D 5	♡ A K 10 4	♢ K B 7 5	♣ A 9 7

III. Ihr Partner hat mit »2 Sans Atout« eröffnet. Was reizen Sie mit:

1. ♠ 8 6 5 3	♡ 7 5	♢ 6 5 4 2	♣ 9 6 4
2. ♠ 6 5 2	♡ D 10 7 6	♢ D 7 6	♣ 5 4 3
3. ♠ A B 9 8 4	♡ 7 4	♢ K 7 5 4	♣ 6 5
4. ♠ 3 2	♡ D B 8 7 5 4	♢ 5	♣ B 10 8 6
5. ♠ A 6 4	♡ K B 6 4	♢ K 6 5 4	♣ 9 7
6. ♠ K 7 5	♡ 6	♢ K 9 8 7 4 2	♣ 7 6 4

Antworten:

I. 1. »1 Karo«. Trotz der 17 Punkte ist die Hand keine SA-Eröffnung. Eine 4 : 4 : 4 : 1-Verteilung wird nie mit SA eröffnet, sondern mit der Farbe unter dem Single.

2. »1 Coeur«. Die 5 : 4 : 2 : 2-Verteilung gehört nicht zur SA-Familie. Folgende Faustregel ist leicht zu merken: Die zwei längsten Farben dürfen zusammen nicht mehr als 8 ergeben.

3. »1 SA«. Stärke und Verteilung rechtfertigen die SA-Eröffnung. Alle Farben sind durch hohe Figuren gedeckt. »1 Karo« wäre als Eröffnung nicht falsch, aber »1 SA« ist weit instruktiver, denn diese Ansage teilt dem Partner gleichzeitig Stärke und Struktur des Blattes mit.

4. »1 SA«. Maximale Stärke, 18 Punkte und ideale SA-Verteilung. Die ungedeckte Coeurfarbe sollte Sie nicht davon abhalten, mit »1 SA« zu eröffnen.

5. »1 Coeur« oder besser noch »1 Treff«, das sogenannte vorbereitende Treff. 20 Punkte sind zuviel für »1 SA«, da die obere Grenze bei 18 liegt. Kann der Partner eine Reizung abgeben, so hat er mindestens 6 Punkte, und Sie können mit gutem Gewissen das volle Spiel, nämlich »3 SA« ansagen, wenn Ihr Partner Karo, Pik oder SA reizt. Sollte er »1 Coeur« ansagen, heben Sie ihn auf »4 Coeur«.

II. 1. »Passe«. Mit diesem hoffnungslosen Blatt können Sie nichts unternehmen. Sie können nur hoffen, daß nichts Schlimmes passiert.

2. »2 Coeur«. 6 Punkte in einem Blatt mit zwei Kürzen, also geeigneter für ein Farbspiel. Der Eröffner wird auf diese Ansage passen.

3. »2 Sans Atout«. 9 Punkte, ein ausgeglichenes Blatt. Mit Maximum, also 17 bis 18 Punkten, wird der Eröffner »3 SA« ausreizen, mit Minimum, also 16 Punkten, wird er passen.

4. »3 Sans Atout«. 10 Punkte, ein ausgeglichenes Blatt. 26 Punkte sind in den vereinigten Händen mit Sicherheit vorhanden, also muß die Partie angesagt werden.

5. »3 Pik«. 12 Figurenpunkte, 2 Verteilungspunkte und die gute Sechserlänge berechtigen Sie zu dieser Sprungansage. Sollte der Partner »3 SA« antworten, sagen Sie »4 Pik« an. Hebt Sie der Eröffner auf »4 Pik«, können Sie passen oder mit einigem Mut sogar einen Schlemmversuch machen.

6. »6 Sans Atout«. Da Sie 17 Punkte haben, enthalten die zwei Blätter insgesamt 33 bis 35 Punkte, so daß 12 Stiche mit ziemlicher Sicherheit erzielt werden.

III. 1. »Passe«. Die »2 SA«-Eröffnung ist kein Forcing, folglich passen Sie mit Ihrem stichlosen Blatt.

2. »3 Sans Atout«. Ihre 4 Punkte sollten genügen, um den Kontrakt zu erfüllen, denn 22 Punkte hat Ihr Partner bestimmt.

3. »3 Pik«. Schlagen Sie Ihrem Partner ein Spiel in der Oberfarbe vor. Winkt er mit »3 SA« ab, können Sie getrost passen, er wird keine Schwierigkeiten haben, diese zu erfüllen.

4. »4 Coeur«. Damit zeigen Sie ein schwaches, sehr unausgeglichenes Blatt und sagen, daß Sie nichts anderes als »4 Coeur« spielen wollen.

5. »6 Sans Atout«. Mit Ihren 11 sind 33 Punkte insgesamt sicher, so daß der Schlemm angesagt werden muß.

6. »3 Karo«. Ein volles Spiel muß mit Ihren zwei Königen drin sein. Schlagen Sie zunächst ein Spiel in Karo vor. Stoppt der Partner auf »3 SA«, passen Sie, er wird sie erfüllen, denn Ihre Karolänge wird auch im SA-Spiel Stiche bringen.

Eröffnungen »Zwei in Farbe« und höher

Die künstliche »2 Treff«-Eröffnung

Blätter, die so stark sind an Figuren und Verteilung, daß sie selbst mit einem scheinbar stichlosen Blatt beim Partner das volle Spiel ermöglichen, eröffnet man am zweckmäßigsten mit der künstlichen Ansage von »2 Treff«. Diese Ansage hat mit der Treff-Farbe nichts zu tun, sondern bedeutet folgendes: »Partner, mein Blatt ist so stark, daß ich das volle Spiel allein in der Hand habe. Wir müssen nur herausfinden, in welcher Farbe wir es am besten spielen. Sie dürfen nicht passen, bevor die Partie nicht erreicht ist.«

Wenn Sie ein Blatt wie

♠ A K B 8 6 4   ♡ A K 10 7 5   ◇ —   ♣ A D

mit »1 Pik« eröffnen würden, könnte es Ihnen leicht passieren, daß ihr Partner paßt, weil er dieses wertlose Blatt hält:

♠ —   ♡ B 9 7 5 4   ◇ B 10 6 5   ♣ 7 5 4 3

Sie würden je nach Kartenlage bei den Gegnern 2 bis 4 Pik erfüllen, aber sicher auch 4 bis 7 Coeur. Deshalb die forcierende Eröffnung mit »2 Treff«, womit Sie Ihren Partner zwingen, die Reizung offenzuhalten.

Hat der Partner weniger als 7 Punkte, so zeigt er seine Schwäche mit der ebenfalls künstlichen Ansage von »2 Karo«. Jede andere Ansage, ob in Farbe oder SA, zeigt mehr als 7 Punkte. Die erste Bietrunde dient also ausschließlich der Feststellung der Stärke. In der zweiten Runde werden dann die Farben angesagt, mindestens Fünferlängen, sonst reizt man Sans Atout. Das obige Blatt könnte also wie folgt gereizt werden:

Nord	Ost	Süd	West
2 Treff	Passe	2 Karo	Passe
2 Pik	Passe	3 Coeur	Passe
6 Coeur	Passe	Passe	Passe

Das nachstehende Blatt sollte zum Beispiel ebenfalls mit »2 Treff« eröffnet werden:

♠ A K D 7 5 4   ♡ A   ◇ A 9 6   ♣ K 3

Auf »1 Pik« würde Ihr Partner mit dem Karo König als einzige Figur passen. Volles Spiel ist aber drin.

Zweier-Eröffnungen als Semiforcing (Halbforcing)

Oft ist ein Blatt nicht stark genug, um mit »2 Treff« eröffnet zu werden, aber doch so stark, daß schon mit wenig Werten beim Partner das volle Spiel möglich ist. Man eröffnet dann die längste Farbe auf der Zweierstufe. Diese Ansage zwingt den Partner für wenigstens eine Runde zum Reizen. Nur wenn der Eröffner in der zweiten Runde eine neue Farbe anbietet, muß der Partner noch einmal sprechen. Mit einem ganz wertlosen Blatt ohne Figur oder nur mit einem Buben darf er schon in der ersten Runde passen, denn der Eröffner hat ein Blatt, das 8 bis 9 Spielstiche und nicht mehr hat. Ohne Hilfe des Partners kann also kein volles Spiel erfüllt werden. Mit 4 bis 7 Punkten zeigt der Partner in der ersten Bietrunde die Schwäche seines Blattes durch die Ansage von »2 SA«. Hat er mehr Punkte, so reizt er entweder eine neue Farbe oder »3 SA«, oder er unterstützt die Trumpffarbe des Eröffners. Hier ein Beispiel für eine solche Eröffnung:

♠ A K D 9 6   ♡ A K B 10 8   ◇ 9 4   ♣ 3

Anmerkung: Viele Spieler reizen noch nach der »klassischen« Zwei-Eröffnung. Jede Eröffnung auf der Zweierstufe ist hier forcierend bis zur Partie, die angesagte Farbe ist echt. Die negative Antwort lautet »2 SA«, ab 7 Punkten gibt man eine positive Antwort, indem man eine neue Farbe reizt oder die Trumpffarbe erhöht.

Hochansagen

Nachdem die »2 Treff«-Eröffnung die stärkste Eröffnung im Bridge ist, sind alle übrigen Aufmachungen schwächer. Dies gilt insbesondere von den Hoch- oder Präventivansagen, die auf der Dreier- und Viererstufe erfolgen. Die Hochansage zeigt ein Blatt, das schwach an Figuren ist, aber mindestens eine Siebenerlänge hat. Die Punktzahl soll auf jeden Fall unter der einer Eröffnung auf der Einerstufe liegen.

Zum Beispiel:

♠ 6 5   ♡ 8 4   ♦ 4   ♣ A D B 8 7 6 4 3

Eröffnen Sie dieses Blatt mit »3 Treff«. Ist das Blatt um einen Stich stärker, so kann es auf der Viererstufe eröffnet werden, zum Beispiel wie dieses mit »4 Coeur«:

♠ —   ♡ D B 10 9 7 5 4   ♦ 5 4   ♣ K D B 9

Der Sinn der Hochansagen liegt darin, daß man die Gegner daran hindert, sich auf niedriger Stufe zu verständigen. Wenn sie nun in die Reizung eingreifen wollen, muß das schon auf für sie gefährlich hoher Stufe erfolgen.

Wenn der Partner ein ziemlich wertloses Blatt mitbringt, werden die angesagten »3 Treff« oder »4 Coeur« mit Sicherheit fallen, möglicherweise auch kontriert. Aber dieser Verlust erweist sich letztlich oft noch als Gewinn. Denn, wenn unsere beiden Hände so arm an Figuren sind, dann haben die Gegner mit ziemlicher Sicherheit ein volles Spiel ausgelassen, das ihnen ebensoviel oder gar mehr eingebracht hätte.

Wie soll sich der eigene Partner verhalten, wenn er nun ein gutes Blatt hat? Da er weiß, daß der Eröffner ein figurenschwaches Blatt hat, kann er nur mit mindestens 15 Figurenpunkten »3 SA«, »4 Pik« usw., also das volle Spiel ansagen. Seine Punkte sollten sich im wesentlichen aus Assen und Königen zusammensetzen.

Am Anfang Ihrer Bridgekarriere sollten Sie mit den Hochansagen vorsichtig und sparsam umgehen, denn ungeschickt angewandt, können sie zu hohen Verlusten führen.

Verteidigungsansagen

Bisher sind wir immer von der Voraussetzung ausgegangen, daß die Gegner nach einer Eröffnungsansage nicht in die Reizung eingegriffen, also gepaßt haben. Das ist jedoch nicht immer so. Oft haben die Gegner auch gute Blätter, und sie werden Ansagen machen, um einerseits die Reizung der eröffnenden Partei zu stören und zu erschweren, andererseits um das Spiel vielleicht für ihre Seite zu erstehen.
Die häufigsten Verteidigungsansagen sind:
— Der einfache Farbüberruf und der Überruf im Sprung.
— Das Informationskontra.
Die Erfordernisse eines Farbüberrufs kann man nicht gut in Punkten ausdrücken, es kommt vielmehr darauf an, wieviel Spielstiche ein Blatt verspricht. Vergleichen wir die zwei Blätter:

♠ K D 10 9 7   ♡ 5 4   ◇ 8 3   ♣ D B 10 5
♠ A B 8 3   ♡ D 8 5   ◇ K 5 4 2   ♣ 6 3

Nach einer »1 Coeur«-Ansage des Gegners kann und soll man mit dem ersten Blatt »1 Pik« reizen, weil es eine gute Trumpffarbe hat und zusammen mit der Treff-Farbe mindestens 5 Stiche erwarten läßt. Mit dem zweiten Blatt soll man jedoch passen, obwohl es 2 Figurenpunkte mehr hat als das erste, weil es keine gute Trumpffarbe hat und infolgedessen nicht viel Spielstiche verspricht. Dieser Farbüberruf dient nicht nur dem Zweck, dem Partner mitzuteilen, daß man gewisse Werte — allerdings unter einer Eröffnungsstärke — und eine gute Trumpffarbe hat, sondern er gibt dem Partner gleichzeitig einen Hinweis dafür, welche Farbe er ausspielen soll, wenn die Gegner den Kontrakt erstanden haben.
Der Sprungüberruf zeigt eine gute Eröffnungsstärke mit 14 bis 16 Figurenpunkten und einer Sechserlänge oder einer guten Fünferlänge, gewöhnlich in einer der Oberfarben. Reizen Sie also nach der Eröffnung Ihres rechten Gegners mit »1 Karo« mit den folgenden Blättern »2 Coeur«:

♠ K 5   ♡ A D 10 9 6 4   ◇ 5 3   ♣ A B 9
♠ A D 3   ♡ A K B 10 5   ◇ 6 4   ♣ B 10 9

Da die Stärke dieser Sprungansage nach oben begrenzt ist, ist sie nicht forcierend, der Partner darf passen.

Das Informationskontra

Wenn Ihr rechter Gegner mit »1 Karo« eröffnet hat und Sie halten auch ein Blatt mit guter Eröffnungsstärke, also mindestens 13 Figurenpunkte, sagen Sie »Kontra«. Damit informieren Sie Ihren Partner darüber, daß Sie eröffnet hätten, wenn es vor Ihnen nicht Ihr Gegner getan hätte. Mit den nachstehenden Blättern sollten Sie also nach einer »1 Karo«-Eröffnung des Gegners ein Informationskontra geben:

♠ A D 7 5   ♡ K B 9 5   ◇ 7 5   ♣ A 10 5
♠ D B 9 7 3   ♡ A K 6   ◇ 6   ♣ K D 4 2
♠ K 9 5 4   ♡ A D 9 7   ◇ —   ♣ A 10 9 7 5

Je weniger Karten Sie in der Farbe des Gegners haben — in unserem Fall Karo — um so besser ist Ihr Blatt für ein Informationskontra geeignet, denn Sie versprechen Ihrem Partner gleichzeitig wirksame Trumpfunterstützung in allen vom Gegner nicht genannten Farben. Ihr Partner wird dieses Kontra nicht mißverstehen, also etwa meinen, es handle sich um ein echtes Kontra, um ein Strafkontra also, denn es gilt die Regel: Solange der Partner keine Ansage gemacht hat — »Passe« zählt in diesem Sinne nicht als Ansage — ist jedes Kontra ein Informationskontra.

Wie hat sich der Partner des Eröffners und der des Kontrierenden zu verhalten? Zuerst ist der Partner des Eröffners an der Reihe. Er soll mit einem wertlosen Blatt, also mit 0 bis 4 Punkten passen. Mit 5 bis 9 Punkten kann er entweder die Farbe des Eröffners heben oder eine neue Farbe auf niedrigster Stufe ansagen. Ist er mit 8 bis 9 Punkten an der obersten Grenze, so kann er mit ausgeglichener Verteilung auch »1 SA« reizen. Mit 10 und mehr Punkten muß er Rekontra geben, eine ebenso künstliche Ansage wie das Kontra. Es will dem Partner, der eröffnet hat, mitteilen, daß er ein gutes Blatt mit mindestens 10 Punkten hat und somit die Mehrzahl der Werte in ihren Händen ist. Das Rekontra ist in dieser Situation das einzige Gebot, das Stärke bekundet. Geben Sie also Rekontra mit Blättern wie zum Beispiel mit den folgenden:

♠ A 10 6 5   ♡ K B 5 3   ◇ 10 5   ♣ K B 9
♠ K D 2   ♡ A 5 4 3   ◇ B 10 8   ♣ D 10 7

Der Partner des Kontrierenden ist verpflichtet, seine längste Farbe anzusagen, auch dann, wenn sein Blatt schwach oder gar wertlos ist. Dazu hat ihn nämlich sein Partner, der das Informationskontra gegeben hat, aufgefordert. Nur wenn sein rechter Gegner irgendein Gebot abgegeben hat, darf er passen, sofern er ein sehr schwaches Blatt hat. In diesem Fall kommt nämlich der Kontrierende noch einmal zu Wort und er kann selber eine Farbe ansagen oder passen. Wenn die Reizung also geht:

Nord	Ost	Süd	West
1 Karo	Kontra	Passe	?

müssen Sie mit dem Blatt

♠ 9 7 6 3   ♡ 7 6 5   ◇ B 7 4   ♣ 5 4 3

»1 Pik« ansagen. Es soll Sie nicht stören, daß Sie nur einen Punkt im Blatt haben und daß Ihre Pikfarbe an sich gar nicht bietfähig ist. Sie sind aufgefordert worden, Ihre längste Farbe anzusagen, und das haben Sie getan. Hingegen sollten Sie natürlich passen, wenn Süd zum Beispiel »1 Coeur« gereizt hätte. Selbst dann, wenn Sie statt der Treff 5 den Treff König in der Hand hätten. Das Blatt wäre für eine freiwillige Ansage immer noch zu schwach.

Mit 6 bis 9 Punkten sagen Sie mit einem ausgeglichenen Blatt und mit sicherer Haltung in der Farbe des Gegners »1 SA« an, ohne diese sichere Haltung bieten Sie Ihre längste Farbe an. Wenn Sie 10 bis 12 Punkte haben, reizen Sie Ihre längste Farbe im Sprung, damit Ihr Partner weiß, daß Sie nicht nur eine lange Farbe angesagt haben, sondern daß Sie auch ein gutes Blatt halten. Hier einige Beispiele:

♠ D 8 3	♡ 8 6 3	◇ K B 5 3	♣ D 7 4
♠ K B 9 4 3	♡ B 9 4	◇ 8 6 4	♣ K 6
♠ A 6	♡ D B 10 9 5	◇ 9 7 3	♣ K B 9

Sagen Sie nach der Reizung »1 Karo« — »Kontra« — »Passe« mit dem ersten Blatt »1 SA« an, mit dem zweiten Blatt »1 Pik« und mit dem letzten Blatt »2 Coeur«. In einem einzigen Fall dürfen Sie auf das Informationskontra Ihres Partners passen: wenn Sie mindestens 5 gegnerische Trümpfe und wenigstens 8 Punkte an Figuren im Blatt haben. Durch Ihr Passen verwandeln Sie das Informationskontra in ein echtes Kontra, also in ein Strafkontra. Sie haben die Gewißheit, daß der Gegner sein Spiel nicht erfüllen wird. Passen Sie also nach der obigen Reizung mit

♠ A 7   ♡ 8 5   ◇ D B 10 8 4   ♣ D 6 5 2

Das Strafkontra

Im Gegensatz zum Informationskontra, das am Anfang der Lizitation nach einer gegnerischen Eröffnung gegeben wird, um dem Partner eine eigene Eröffnung anzuzeigen, steht das Strafkontra am Ende der Reizung. Es wird von einem Spieler gegeben, wenn er aufgrund seiner Blattstärke und der eventuellen Ansagen seines Partners davon überzeugt ist, daß die Gegner ihr Spiel nicht machen können, daß sie also fallen werden. Das Kontra verdoppelt den ersten Faller oder Unterstich, das heißt er bringt statt 50 Punkte 100, wenn der Kontrierte nicht in der Gefahrenzone war und 200 statt 100, wenn er in der Gefahrenzone war. Jeder weitere Faller kostet 200 in der ersten und 300 in der zweiten Zone. Also bringen 3 kontrierte Faller der kontrierenden Partei je nach der Gefahrenzone des Alleinspielers 500 = 100 + 200 + 200 beziehungsweise 800 = 200 + 300 + 300 Punkte. Wie man sieht, kann man durch ein Strafkontra, zum richtigen Zeitpunkt angebracht, viel Punkte gewinnen.

Kontrierte Spiele werden gelegentlich auch gewonnen. In diesem Fall verdoppelt das Kontra den Wert des Spieles für den Alleinpieler. Gewinnt er zum Beispiel »2 Karo« im Kontra, ist das soviel, wie wenn er »4 Karo« gespielt und gewonnen hätte: Er darf sich also unter und über dem Strich je 80 anschreiben. Gewinnt er »2 Coeur« oder »2 Pik« im Kontra, so hat er sogar ein volles Spiel mit Hilfe der Gegner erreicht. Ebenso ergeben »2 SA«, im Kontra erfüllt, ein volles Spiel. Man sagt: Der Spieler ist in die Manche kontriert worden.

Auch die eventuellen Überstiche, Stiche also, die über den gereizten Kontrakt hinausgehen, erhöhen sich in ihrem Wert. Ohne Kontra bringt jeder Überstich, unabhängig von der Gefahrenzone, soviel wie der Wert der gereizten Farbe ausmacht, bei den Unterfarben also 20, bei den Oberfarben und beim SA 30. Kontriert zählt jeder Überstich in der ersten Zone 100, in der Gefahrenzone 200. Deshalb sollte man, vor allem am Anfang, ein Strafkontra nur dann geben, wenn man sicher ist, daß das Spiel auch fallen wird.

Nach dem Strafkontra geht die Reizung noch einmal im Kreis herum, das heißt, die 3 anderen Spieler müssen noch irgendein Gebot abgeben. Passen sie alle, so bleibt es beim Kontra; macht einer eine andere Ansage, so ist das Strafkontra aufgehoben, das heißt, es gilt nicht mehr. Natürlich kann jede nachfolgende Ansage wiederum kontriert werden. Wenn der kontrierte Spieler der Meinung ist, daß er das Spiel erfüllen wird, kann er rekontrieren. Das Rekontra verdoppelt die Zahlen, die durch das Kontra zustande gekommen sind. Sowohl die Faller wie auch die Überstiche werden durch das Rekontra sehr teuer, vor allem in der Gefahrenzone.

Beispiele für die Reizung

Beispiel 1: West teilt aus:

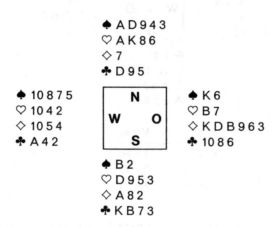

Die Reizung geht:

West	Nord	Ost	Süd
Passe	1 Pik	2 Karo	2 Sans Atout
Passe	3 Coeur	Passe	4 Coeur
Passe	Passe	Passe	

West paßt, da sein Blatt für eine Eröffnung zu schwach ist. Nord hat 15 Figuren- und 2 Verteilungspunkte sowie zwei nebeneinanderliegende Farben. Er eröffnet also mit »1 Pik«. Ost hat mit 10 Figurenpunkten keine Eröffnungsstärke, aber eine gute Sechserlänge. Er macht also eine Verteidigungsansage, einen einfachen Farbüberruf von »2 Karo«. Süd hat keine Trumpfunterstützung für seinen Partner, aber 11 Punkte und Haltung in allen anderen Farben, auch in Karo. Er ist daher berechtigt, »2 SA« zu sagen. West paßt mit nur einer Figur. Nord bietet jetzt mit »2 Coeur« seine zweite Farbe an, woraufhin Süd mit der guten Coeurunterstützung das volle Spiel ansagt.

Beispiel 2: Nord teilt aus:

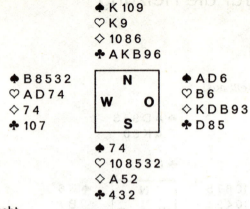

Die Reizung geht:

Nord	Ost	Süd	West
1 Treff	Kontra	Passe	1 Pik
2 Treff	2 Karo	Passe	2 Coeur
Passe	2 Pik	Passe	Passe
Passe			

Nord hat 14 Figurenpunkte und eine gute Fünferlänge. Er eröffnet also mit »1 Treff«. Ost hat auch eine gute Eröffnung in der Hand und teilt dies seinem Partner durch ein Informationskontra mit. Süds Blatt ist mit 4 Punkten zu schwach, um damit in die Reizung einzugreifen. Er paßt. West bietet seine längste Farbe an mit »1 Pik«. Nord wiederholt seine starke Fünferfarbe und Ost zeigt seine gute Karolänge durch die Ansage von »2 Karo«. West, der nur zwei kleine Karokarten hält, bietet seine zweite Farbe an und reizt »2 Coeur«. Ost verbessert auf »2 Pik«, da er in Pik länger ist als in Coeur. West ist es zufrieden und paßt, da er mit seinem verhältnismäßig schwachen Blatt keine Chance für das volle Spiel sieht.

Beispiel 3: Ost teilt aus:

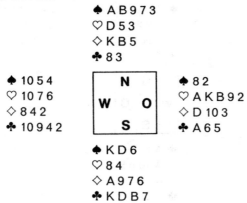

Die Reizung geht:

Ost	Süd	West	Nord
1 Coeur	Kontra	Passe	2 Pik
Passe	4 Pik	Passe	Passe
Passe			

Ost eröffnet mit »1 Coeur«; er hat ein Blatt mit 14 Figurenpunkten und einer starken Fünferlänge in Coeur. Süd hält 15 Figurenpunkte und eine Kürze in des Gegners Farbe, ein gutes Blatt für ein Informationskontra. West ist stichlos und muß passen. Nord hält 11 Figurenpunkte mit einer guten Fünferlänge in Pik und sagt diese daher im Sprung an, womit er 10 bis 12 Punkte zeigt. Ohne den Karo König wäre sein Blatt nur eine Aussage von »1 Pik« wert, weil er dann nur 8 Punkte hätte. Ost kann es nicht mehr wagen, allein in die Dreierstufe zu gehen und paßt. Süd sagt in Kenntnis der Stärke seines Partners mit seinem guten Blatt die Manche, also »4 Pik« an. Aus dem Diagramm ist zu ersehen, daß die Gegner nur zwei Coeurstiche und das Treff As machen können. Auf den Karoschnitt ist Nord nicht angewiesen, da er die Karo 5 auf eine Treff-Figur des Tisches abwerfen kann.

Beispiel 4: Süd teilt aus:

♠ 7 6
♡ K 8 2
♢ D B 10 8 2
♣ K 5 3

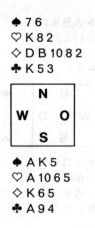

♠ A K 5
♡ A 10 6 5
♢ K 6 5
♣ A 9 4

Die Reizung geht:

Süd	West	Nord	Ost
1 Sans Atout	Passe	2 Sans Atout	Passe
3 Sans Atout	Passe	Passe	Passe

Süd hat ein ausgeglichenes Blatt mit 18 Punkten, also eröffnet er mit »1 Sans Atout«. Nord hält 9 Punkte und ebenfalls ein ausgeglichenes Blatt, kein Chicane und kein Single. Die Fünferlänge ist eine Unterfarbe, er hebt also auf »2 Sans Atout«. Süd kann nun ohne Bedenken das volle Spiel, »3 Sans Atout«, ausreizen, da er weiß, daß er mindestens auf 26 Punkte kommt.

Beispiel 5: Nord teilt aus:

♠ K D 9
♡ A 8 6 3
♢ K 5 3 2
♣ A B

♠ B 7
♡ K B 5
♢ A D B 9 6
♣ K 7 2

86

Die Reizung geht:

Nord	Ost	Süd	West
1 Sans Atout	Passe	3 Karo	Passe
4 Karo	Passe	4 Sans Atout	Passe
5 Coeur	Passe	6 Karo	Passe
Passe	Passe		

Nord eröffnet mit 17 Punkten und einem ausgeglichenen Blatt mit »1 SA«. Süd hält mit dem Double in Pik insgesamt 16 Punkte, dazu eine gute Fünferfarbe. Er reizt also Karo im Sprung, womit er anzeigt, daß er Partie, möglicherweise aber auch Schlemm spielen will. Nord nimmt mit der guten Trumpfunterstützung die Schlemmeinladung an, indem er seinen Partner auf »4 Karo« hebt. Süd erfährt mit Hilfe der Blackwoodfrage die 2 Asse in Nords Blatt. Er weiß, daß sie zusammen mindestens 32 Figurenpunkte und 1 Verteilungspunkt besitzen. Mit Minimum, also mit 16 Punkten, hätte Nord statt »4 Karo« »3 SA« angesagt und damit »abgewunken«. So kann er den Schlemm in Karo ansagen. Wie man sieht, kann der Gegner nur das Pik-As machen.

Test 10

Fragen:

I. Ihr Partner hat mit »2 Treff« eröffnet. Was reizen Sie mit:

1. ♠ D B 8 6 5 3	♡ 7 4	◇ B 7	♣ 7 5 2
2. ♠ 8 7 4	♡ K 9 8 2	◇ D 10 5	♣ K 7 3

II. Ihr Partner hat mit »2 Coeur« eröffnet. Was reizen Sie mit:

1. ♠ A 5	♡ D 7 4	◇ K B 5 4	♣ 9 7 6 2
2. ♠ 6 4 3	♡ D 7	◇ A D 10 8 5	♣ B 9 3

III. Wie eröffnen Sie die folgenden Blätter?

1. ♠ K D B 10 8 7	♡ A K 3	◇ A 8	♣ D 5
2. ♠ A D	♡ A K B	◇ K D B 10 9 5	♣ A D

IV. Ihr Partner hat mit »1 Pik« eröffnet, Ihr rechter Gegner hat ein Informationskontra gegeben. Was reizen Sie mit:

1. ♠ 10 8 7 3	♡ K 5	◇ 6 5	♣ D 9 8 7 3
2. ♠ D 8	♡ A B 10 4	◇ K B 5 4	♣ 7 6 4

V. Ihr linker Gegner hat mit »1 Treff« eröffnet, Ihr Partner hat informatorisch kontriert, Ihr rechter Gegner hat gepaßt. Was reizen Sie mit:

1. ♠ B 8 6 4   ♡ 9 6 4   ◇ B 7 6 2   ♣ 8 5
2. ♠ D 6   ♡ B 10 9 5 3   ◇ A K B 5   ♣ 9 2

Antworten:

I. 1. »2 Karo«. Die Schwäche Ihres Blattes müssen Sie mit der künstlichen Ansage von »2 Karo« zeigen. In der nächsten Bietrunde reizen Sie Ihre Piklänge.

  2. »Sans Atout«. Mit 8 Figurenpunkten müssen Sie schon eine positive Antwort geben. Da Sie keine Fünferlänge besitzen, reizen Sie Sans Atout.

II. 1. »3 Coeur«. Ihr Partner hat ein Blatt mit mindestens 8 Stichen, Sie bringen ihm neben der Trumpfdame zu dritt noch das Pik As und Karo König, Bube mit. Das volle Spiel in Coeur müßte drin sein.

  2. »3 Karo«. 9 Figurenpunkte und eine gute Fünferlänge rechtfertigen eine positive Antwort, zumal ein As an der Spitze dieser Farbe steht.

III. 1. »2 Pik«. Sie halten 8 Spielstiche: 5 in Pik, 2 in Coeur und das Karo As. Ohne Hilfe ist volles Spiel nicht möglich, daher das Semiforcing: »2 Pik«.

  2. »2 Treff«. Ein Blatt mit 26 Figurenpunkten und 9 sicheren Spielstichen: 5 in Karo, 2 in Coeur und die zwei schwarzen Asse, also sind »3 SA« aufzulegen. Mit einigen Werten im Blatt des Partners haben Sie gute Aussichten auf einen Schlemm.

IV. 1. »2 Pik«. Sie haben eine schwache Hand, aber 4 Trümpfe. Mit Ihrer Hebung auf »2 Pik« versperren Sie dem Gegner auch die ganze Zweierstufe, was sich oft als sehr wirkungsvoll erweist.

  2. »Rekontra«. Ein verhältnismäßig starkes Blatt — 10 und mehr Punkte — zeigen Sie Ihrem Partner durch das Rekontra.

V. 1. »1 Karo«. Wie schwach Ihr Blatt auch sein mag, sie dürfen nicht passen, sonst würde der Gegner »1 Treff« im Kontra spielen, das er sicherlich mit einigen Überstichen erfüllen würde. Reizen Sie »1 Karo«, Sie bleiben damit auf niedrigster Stufe. Bei »1 Pik« könnte Ihr Partner seine Coeurfarbe nicht mehr auf der Einerstufe reizen.

  2. »2 Coeur«. Da Sie »1 Coeur« auch ohne As-König in Karo reizen müßten, ist jetzt ein Sprunggebot angezeigt. Sie zeigen damit 10 bis 12 Punkte und eine bietbare Coeurfarbe. Der Partner kann weiterreizen oder passen, denn forcierend ist diese Ansage nicht, nur stark einladend auf volle Partie.

Planung und Durchführung der Spiele

Sie haben auf den Seiten 13 bis 29 schon gesehen und gelernt, wie man Stiche macht. Dennoch werden Sie etwas verwirrt sein, wenn Sie zum erstenmal ein ganzes Spiel durchführen müssen. Regeln, wie für die Reizung, kann man für die Spieldurchführung nicht aufstellen, weil jedes Spiel anders ist. Aber typische Situationen wiederholen sich immer wieder. Daher werden Ihnen die folgenden ausführlich erklärten Beispiele zeigen, wie man mit den Karten umgehen muß und somit wertvolle Hinweise geben. Aber allein die Übung und vielleicht das Zuschauen kann aus Ihnen einen guten Spieler machen.

Der Spielplan für Sans-Atout-Spiele

Wenn nach Beendigung der Reizung Ihr linker Gegner ausgespielt hat, legt Ihr Partner, der ja »Strohmann« oder »Dummy« genannt wird, sein Blatt auf, das ebenfalls »Dummy« oder einfach »Tisch« heißt. Sie als Alleinspieler führen das Spiel ganz allein durch und bedienen »Hand und Tisch«.

Beispiel 1:

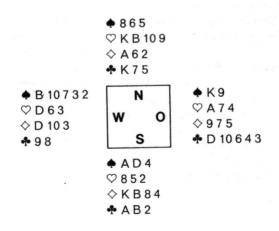

Sobald Sie »Ihren Tisch« sehen, stellen Sie sich die folgenden drei Fragen:

— Wie lautet der Kontrakt, wieviel Stiche muß ich also machen?

— Wieviel sichere Stiche sehe ich auf Anhieb in meinen beiden Blättern?

— Wo sehe ich Möglichkeiten für weitere Stiche, wie kann ich sie entwickeln? Denken Sie dabei an Längenstiche, Impaß und Expaß.

Sie haben auf Süd »3 SA« zu spielen. West hat das Ausspiel. Da es ein Ohne-Trumpf-Spiel ist, machen die hohen Figuren sicher ihre Stiche. Jede Partei ist daher bestrebt, lange Farben hochzuspielen. Man sagt, Sans Atout ist ein Kampf um die Länge. West wird also seine längste Farbe ausspielen und hoffen, bei Ost Hilfe in Form von Figuren zu finden. Er legt die Pik 3, denn eine Faustregel besagt, daß man von der längsten Farbe die vierthöchste Karte spielt. Nachdem nun der Tisch offen liegt, überlegt sich der Alleinspieler:

— Ich spiele »3 SA«, muß also 9 Stiche machen.

— Nach dem Ausspiel mache ich 2 sichere Stiche in Pik, je 2 Stiche mit As und König in Karo und Treff, insgesamt also 6 sichere Stiche.

— In Karo könnte ich noch einen Stich erzielen, wenn die Dame vor König-Bube steht und einen weiteren, wenn diese Farbe bei den Gegnern 3 : 3 verteilt ist. Das wären aber erst 8 Stiche, ich kann also auf die Coeurfarbe nicht verzichten. Wenn die Dame im Schnitt steht, bringt mir diese Farbe 3 Stiche. Ich muß also nicht über Karo, sondern über Coeur spielen.

Auf Wests Pik 3 legt Süd also vom Tisch die 5. Ost, nach dem Motto: »Dritter Mann, so hoch er kann«, gibt den König, um sein Bestes zur Entwicklung der Länge seines Partners beizutragen. Süd nimmt mit dem As und spielt seinem Plan entsprechend die Coeur 2. West wird klein zugeben, denn in zweiter Hand bleibt man im allgemeinen klein. Am Tisch wird Süd den Schnitt machen, also die 9 legen. Ost kann den Stich nur mit dem As nehmen, und er tut es, um seines Partners Farbe, Pik, zurückzuspielen. Diesen Stich nimmt Süd mit der Dame, spielt dann die Coeur 5 und deckt Wests 6 mit der 10. Dann spielt er zum Treff As seiner Hand und spielt die Coeur 8 vor: Jetzt fällt Wests Dame. So macht Süd 3 Coeurstiche und erfüllt den Kontrakt. Beachten Sie, daß Sie den Schnitt in Karo nicht mehr machen dürfen. Sie haben keinen Stopper mehr in Pik und würden Ihr Spiel unnötig verlieren.

Dieses Beispiel zeigt ein wichtiges Prinzip des SA-Spiels: Nicht zuerst die sicheren Stiche abspielen, sondern die Farbe anfassen, in der Stiche entwickelt werden müssen, selbst wenn Sie ein oder zwei Stiche inzwischen abgeben müssen.

Beispiel 2:

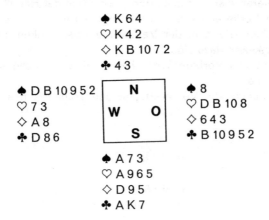

Wieder haben Sie als Süd »3 SA« zu spielen, und diesmal spielt West die Pik Dame aus. Beachten Sie: Von einer so starken Folge von Figuren, Sequenz genannt, spielt man die höchste, also hier die Dame aus. Dies hat auch den Vorteil, daß der Partner weiß, daß Sie mindestens den Buben, möglicherweise auch die Zehn halten.

Süd zählt an sicheren Stichen As, König in Pik, As, König in Coeur und As, König in Treff. Die weiteren Stiche muß also die Karofarbe bringen. Dazu ist es nötig, daß der Alleinspieler das As der Gegner herauszwingt. Deshalb nimmt er den ersten Stich in der Hand mit dem Pik As und spielt sofort die Karo Dame vor. Nimmt der Gegner den Stich nicht, wird die Karo 9 weitergespielt. Jetzt kann West sein As nicht mehr länger zurückhalten. Er wird mit dem Pik Buben fortsetzen, der mit dem König des Tisches genommen wird. Dann werden die Karostiche abgespielt und anschließend jeweils As und König in Treff und Coeur. Somit hat Süd 10 Stiche gemacht, er hat also einen Überstich erzielt. Die letzten zwei Stiche gehen noch an die Gegner.

Der Spielplan für Trumpfspiele

Bei den Trumpf- oder Farbspielen betrachten wir uns genauso wie bei den SA-Spielen Tisch und Hand nach dem Ausspiel des Gegners. Nur fragen wir uns jetzt:

— Wieviel Stiche darf ich abgeben?
— Wieviel Verlierer, also Verlustkarten, habe ich in der Hand?

Haben Sie mehr Verlierer als Sie Stiche abgeben dürfen, müssen Sie nach einem Weg suchen, die Zahl der Verlierer einzuschränken. Die zwei einfachsten Möglichkeiten dazu sind:

— das Abwerfen von Verlierern der Hand auf eine hochgespielte Farbe des Tisches und
— das Verschnappen von Verlierern mit den Trümpfen des Tisches.

Beispiel 3:

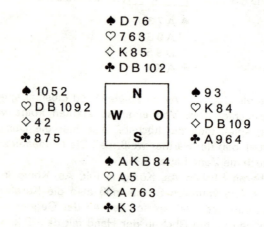

Sie spielen als Süd »4 Pik« und West hat mit der Coeur Dame angegriffen. Sie dürfen nur drei Stiche abgeben, sehen aber vier Verlierer in Ihrer Hand: einen in Coeur, zwei in Karo und einen in Treff. Sie sehen aber auch, daß Sie auf die Treff-Figuren des Tisches zwei Verlierer abwerfen können, wenn Sie das As herausgezwungen haben. Also werden Sie wie folgt spielen: Sie nehmen die ausgespielte Coeur Dame mit dem As in der Hand und spielen die Pik 4 zur Dame des Tisches. Zwei weitere Trumpfrunden nehmen den Gegnern alle Trümpfe. Jetzt spielen Sie den Treff König vor. Ost wird ihn mit dem As nehmen, den Coeur König abspielen und Coeur fortsetzen, in der Hoffnung, in dieser Farbe noch einen Stich zu machen. Doch Sie trumpfen die dritte Coeurrunde in der Hand, spielen Ihre Treff 3 zur Dame des Tisches und werfen auf Treff Bube-10 Karo 6 und 3 aus Ihrer Hand ab. Die Gegner können jetzt keinen Stich mehr machen, weil Sie keinen Verlierer mehr in Ihrer Hand halten. Sie haben nur zwei Stiche abgegeben, also einen Überstich gemacht. Als Prinzip für diese Spielweise gilt: Wenn Sie auf eine hochgespielte Länge Verlierer abwerfen wollen, müssen Sie vorher dem Gegner die Trümpfe nehmen. Sonst sticht er Ihnen die hochgespielten Karten weg, womit Ihr mühsam aufgebauter Plan scheitern würde.

Beispiel 4:

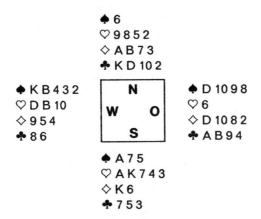

Sie haben auf Süd »4 Coeur« zu spielen und stellen nach Wests Ausspiel von Treff 8 folgende Überlegungen an: Ich habe zwei Verluststiche in Pik, einen vielleicht in Coeur, wenn die ausstehenden vier Trümpfe nicht 2 : 2 verteilt sind, und zwei mögliche Treffverlierer. Der Tisch bringt mir aber ein Single in Pik und vier Trümpfe mit, so daß ich meine Zwei Pikverlierer verschnappen kann.

Sie legen also auf die Treff 8 die Dame, damit das As herausgezwungen wird. Ost gibt das As und spielt Trumpf, weil jedes andere Rückspiel schlechter wäre. Sie setzen den König ein, spielen das As ab und stellen fest, daß West noch die Dame hat. Sie dürfen jetzt nicht mehr Trumpf spielen, sondern in Pik As und die 7, die Sie am Tisch trumpfen. Nun spielen Sie die Karo 3 zum König, um die Pik 5 zu legen und sie am Tisch mit dem letzten Trumpf zu verschnappen. Jetzt können Sie nicht mehr verlieren.

Das Gegenspiel

Das schwierigste Spiel ist das Gegenspiel. Der Alleinspieler sieht das Blatt seines Partners, den Tisch, und spielt mit 26 Karten, während der Gegner vom Blatt seines Partners nichts oder nur sehr wenig weiß. Ziel des Gegenspiels ist es natürlich, die Pläne des Alleinspielers zu durchkreuzen und den Kontrakt zu Fall zu bringen. Die Gegenspieler haben dasselbe Bestreben wie der Alleinspieler: soviel Stiche wie nur möglich zu machen.

Die Schwierigkeiten beginnen schon beim Ausspiel, denn da liegt noch nicht einmal der Dummy auf dem Tisch. Der Ausspieler ist also auf die Anhaltspunkte aus der Reizung der Gegner und seines Partners angewiesen. Welche Karte er ausspielt, hängt letzten Endes von seinem Blatt ab. Es gibt bewährte Faustregeln für das Ausspiel, die Ihnen helfen werden, nicht gleich mit dem Ausspiel den ersten Stich zu verschenken, womit der Spieler seinen sonst unerfüllbaren Kontrakt glücklich nach Hause bringen kann. Sehr viele Spiele werden bereits im ersten Stich entschieden.

Ausspiel gegen ein Farbspiel

Wenn Ihr Partner eine Farbe gereizt hat, spielen Sie die höchste Karte dieser Farbe aus, zum Beispiel von 9, 6, 5 die 9, von D, 4 die Dame.

Halten Sie aufeinanderfolgende Figuren, eine sogenannte Sequenz, zum Beispiel A, K, D, oder D, B, 10, 9 oder B, 10, 9, 4, so spielen Sie die höchste Karte dieser Farbe aus. Ihr Partner weiß dann, daß Sie die darunterliegende Karte oder Karten haben und wird diese Farbe zurückspielen, sobald er zu Stich kommt.

Halten Sie eine Einzelkarte, spielen Sie diese aus. Ihr Partner wird Ihnen die Farbe zurückspielen, und Sie können trumpfen, wenn Sie dann noch einen Trumpf haben.

Von einer wertlosen Kürze oder Länge spielen Sie die höchste Karte aus, zum Beispiel von 9, 3 die 9.

Wenn Sie von einer Farbe ausspielen wollen oder müssen, in der Sie eine hohe Figur haben, spielen Sie Ihre kleinste Karte, zum Beispiel von K, 8,

3 die 3. Mit einer kleinen Karte zeigen Sie im Ausspiel, im Gegensatz zur vorherigen Regel, den Besitz einer Figur an.

Sehr zu empfehlen ist das Ausspiel von einer Farbe, die die Gegner nicht gereizt haben, weil sie in dieser Farbe offenbar schwach sind.

Im Zweifelsfall spielen Sie Trumpf aus oder die Farbe, die Ihr linker Gegner gereizt hat, niemals die Farbe des Alleinspielers.

Ausspiel gegen Sans Atout

Für das Ausspiel gegen SA-Kontrakte gelten dieselben Faustregeln. Wenn also Ihr Partner eine Farbe gereizt hat, spielen Sie diese aus. Ist das nicht der Fall, spielen Sie von Ihrer längsten Farbe die vierthöchste Karte aus, also zum Beispiel von A, B, 7, 4, 2 die 4. Ihr Partner wird Ihnen diese Farbe zurückbringen, sobald er ans Spiel kommt, denn die Länge muß entwickelt werden. Sie wissen ja schon: Sans Atout ist ein Kampf um die Länge.

Nach dem ersten Stich haben es die Gegenspieler etwas leichter, denn die Karten des Strohmannes liegen allen sichtbar auf dem Tisch. Wenn Sie vor dem Tisch sitzen, so daß dieser links von Ihnen ist, spielen Sie in die Stärke des Tisches, vorzugsweise in eine unterbrochene Figurenfolge wie As-Dame oder As-König-Bube. Es ist möglich, daß Ihr Partner die fehlende Figur hat und so zu Stich kommt. Sitzen Sie hinter dem Tisch, so spielen Sie in die schwächste Farbe des Tisches. Also: von vorne in die Stärke, von hinten in die Schwäche des Tisches!

Signale

Die einzige Sprache, die die Gegenspieler während der Spieldurchführung sprechen dürfen, ist die stumme Sprache der Signale. Durch die Zugabe einer unnötig hohen Karte auf eine ausgespielte Karte des Partners teilen Sie diesem mit, daß Sie Interesse an dieser Farbe haben und er sie also weiterspielen soll. Als »hoch« betrachtet man in diesem Sinne die Karten 6 bis 9. Mit Figuren signalisiert man nicht, es wäre zu schade um sie. Entsprechend bedeutet die Zugabe einer kleinen Karte, Werte 2 bis 5, daß Sie kein Interesse an dieser Farbe haben. Sehen wir an einem Beispiel, wie man auf diese Weise den Partner »führen« kann:

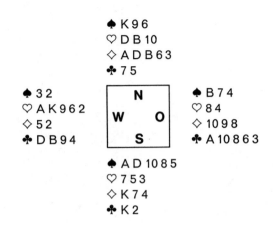

Gegen »4 Pik« von Süd spielt Ihr Partner auf West das Coeur As aus. Geben Sie die 8 und auf den nachgespielten König die 4. Sie haben »hoch-niedrig« gespielt und damit die Fortsetzung diser Farbe verlangt. Ihr Partner wird Coeur weiterspielen, Sie trumpfen und spielen Ihr Treff As ab. Der Kontrakt ist dank Ihres Signales gefallen.

Das Anschreiben oder Scoren

Das Anschreiben erfolgt auf den hierfür vorgesehenen Bridge-Blocks mit den Spalten »Wir« und »Sie«. Falls Sie sich keinen vorgedruckten Block kaufen wollen, können Sie natürlich vor dem Spiel nach dem unten abgebildeten Muster einen neutralen Block vorpräparieren.

Unter dem waagrechten Strich wird der Wert der gereizten und erfüllten Spiele angeschrieben. Über dem Strich schreiben wir den Wert der tatsächlich erzielten Stiche an. Wenn zum Beispiel Süd »2 Pik« spielt und 3 erfüllt, schreiben Nord und Süd in der Spalte »Wir« 60 unter dem Strich und 90 über dem Strich. Ost-West schreiben dasselbe, nur in die Spalte »Sie«. Sehen wir uns das an:

Wir	Sie		Wir	Sie		Wir	Sie		Wir	Sie		Wir	Sie
							50			110			930
										50			110
													50
90			90	10		90	10		90	10		90	10
60			60			60	40		60	40		60	40
										X			X
													X

Wenn nun im nächsten Spiel Nord zweimal fällt, bekommen die Gegner 100 über dem Strich gutgeschrieben, denn jeder Faller kostet 50. Unter dem Strich verändert sich bei einem verlorenen Spiel nichts. Man rechnet die beiden Spalten gleich gegeneinander auf. Sie haben jetzt 10. Im dritten Spiel erfüllt West »1 SA«. Ost-West bekommen unten 40, oben 40 dazu, sie haben also jetzt 50. Ost spielt nun »3 Karo« und erfüllt das Spiel. Unter dem Strich sind nun die 100 erreicht, Ost-West haben eine »Manche«. Ein Kreuzchen wird dafür geschrieben und unterstrichen. Oben kommen 60 hinzu. Der Teilstand von 60 bei dem Gegner Nord-Süd wird durch das Erreichen der Manche annulliert.

Ost-West sind jetzt in der Gefahrenzone: Jeder Faller bringt dem Gegner statt 50 jetzt 100. In der Reizung ist also größere Vorsicht geboten. Wenn nun Ost-West ein volles Spiel, zum Beispiel »4 Pik« reizen und erfüllen, haben sie die zweite Partie, das heißt: ein Spielabschnitt, ein Rubber, ist zu Ende. Sie bekommen außer den 120 für das Spiel 700 als Rubberprämie. Hätten die Gegner auch schon eine Partie gehabt, wäre die Rubberprämie nur 500.

Die mit dem Rubber erreichte Punktzahl 930 ergibt — gerundet auf 900 — den Gewinn der Ost-West-Spieler. Haben Sie den Punkt zu $^1/_{10}$ Pfennig vereinbart, bekommen die Gewinner des Rubbers je 90 Pfennig von ihren Gegnern.

Für den Besitz von Honneurs dürfen Sie sich übrigens Sonderprämien anschreiben. Honneurs sind bekanntlich die Figuren As, König, Dame, Bube und die 10 in der Trumpffarbe. Halten Sie vier beliebige davon in Ihrer Hand oder am Tisch, bekommen Sie eine Prämie von 100, für alle fünf in einer Hand ist die Prämie 150. Im Sans Atout sind die vier Asse die Honneurs. Haben Sie diese in einer Hand, bekommen Sie dafür eine Prämie von 150. Die Voraussetzung ist aber immer: sie müssen in einer Hand sein.

Falls Sie unsicher in der Bewertung Ihrer Spiele sind, dann sehen Sie einfach in der folgenden Tabelle nach.

Werttabelle für das Anschreiben

Stichwerte für angesagte und erfüllte Kontrakte, je Stich über das Buch:

	unkontriert	kontriert	rekontriert
Pik und Coeur:	30	60	120
Karo und Treff:	20	40	80
Sans Atout, erster Stich über das Buch:	40	80	160
Sans Atout, jeder weitere Stich:	30	60	120

Bei 100 ist die Manche erreicht, die Partei ist in die zweite oder Gefahrenzone geraten.

Werte für erzielte Überstiche, je Stich:

	erste Zone (Nichtgefahr)	zweite Zone (Gefahrenzone)
unkontriert:	normaler Stichwert der gereizten Farbe	
kontriert:	100	200
rekontriert:	200	400

Für die Erfüllung eines kontrierten oder rekontrierten Kontraktes gibt es zusätzlich noch eine Prämie von 50.

Werte für Faller (Unterstiche) bei nicht erfüllten Kontrakten:

	unkontriert	kontriert	rekontriert
in der ersten Zone oder Nichtgefahr:			
erster Faller	50	100	200
jeder weitere Faller	50	200	400
in der zweiten Zone oder Gefahrenzone:			
erster Faller	100	200	400
jeder weitere Faller	100	300	600

Zusätzliche Prämien für:

— vier beliebige Honneurs der Trumpffarbe in einer Hand	100
— fünf Honneurs der Trumpffarbe in einer Hand	150
— vier Asse in einem SA-Spiel in einer Hand	150

- gereizten und erfüllten Kleinschlemm in der ersten Zone
  (Nichtgefahr)   500
- gereizten und erfüllten Kleinschlemm in der zweiten Zone
  (Gefahrenzone)   750
- gereizten und erfüllten Großschlemm in der ersten Zone   1000
- gereizten und erfüllten Großschlemm in der zweiten Zone   1500
- Gewinn eines Rubbers, wenn die Gegner noch keine Partie
  erreicht haben   700
- Gewinn eines Rubbers, wenn die Gegner bereits eine Manche
  erreicht haben   500
- eine Manche in einem nicht beendeten Rubber   300
- eine Teilanschrift in einem nicht beendeten Spiel   50
- Erfüllung eines Kontraktes mit Kontra oder Rekontra   50

Kleines Bridge-Lexikon

Wichtige Begriffe und ihre Bedeutung

Alleinspieler: der Spieler, der das Spiel durchführt, da er als erster die Trumpffarbe angesagt hat; er bedient Hand und Tisch.

ansagbare Farbe: mindestens eine Viererlänge mit einer der hohen Figuren an der Spitze (As, König, Dame).

Ansage: jedes Gebot, das gemacht wird, einschließlich Passe, Kontra und Rekontra.

Anschreiben: das Notieren des Spielergebnisses in den Spalten »Wir« und »Sie« des Bridge-Blocks.

Anschrift: der unter der Linie angeschriebene Wert eines Teilspiels mit weniger als 100 Punkten.

Asfrage: die Frage an den Partner, wieviel Asse er hält, mittels künstlicher Ansagen (Blackwood-Konvention, Gerber-Konvention).

ausgeglichenes Blatt: ein Blatt, das weder besondere Längen noch Kürzen enthält.

benachbarte Farben: Farben, die in der Rangfolge nebeneinanderliegen, zum Beispiel Pik und Coeur, nicht aber Pik und Karo.

bietbare, bietfähige Farbe: siehe ansagbare Farbe.

bieten: eine Ansage machen.

Bietprozeß: die Folge von sich steigernden Ansagen der Spieler zur Ermittlung des Endkontraktes und des Alleinspielers; die Ansagen dienen auch zur Verständigung zwischen den Partnern.

Bietrunde: die Folge von je einer Ansage pro Spieler.

Blackwood-Konvention: die Asfrage mit »4 Sans Atout«.

Blatt: die Karten, die einem Spieler ausgeteilt worden sind und die er noch in der Hand hält.

Blattmuster: die Verteilung der verschiedenen Farben innerhalb eines Blattes; die Anzahl der Karten pro Farbe.

Buch: a) für den Alleinspieler: die ersten sechs Stiche in jedem Spiel, die ohnehin vorausgesetzt sind und daher nicht gewertet und auch beim Bieten nicht angesagt werden; jede Ansage nennt nur die Stiche, die über das Buch hinaus erzielt werden müssen.

b) bei den Verteidigern: die Anzahl der Stiche, die die Gegner des Allein-spielers machen dürfen, ohne daß das Spiel schon gefallen wäre.

Chicane: wenn man in einer Farbe bei der Austeilung gar keine Karte be-kommen hat, ist man chicane in dieser Farbe.

Double: nur zwei Karten einer Farbe in einem Blatt.

Dreifärber: ein Blatt, das Längen in drei Farben aufweist, zum Beispiel die Verteilung 4 : 4 : 4 : 1 oder 5 : 4 : 4 : 0.

Dummy: a) der Partner des Alleinspielers, auch Strohmann genannt.

b) das Blatt des Strohmanns, das dieser offen auf den Tisch legt; auch Tisch genannt.

Edelfarben: die Farben Pik und Coeur; sie haben den Farbwert 30.

Einfärber: ein Blatt, das nur eine lange Farbe hat und sonst Kürzen auf-weist.

Endkontrakt: die Verpflichtung des Alleinspielers, das im Bietprozeß zuletzt angesagte Gebot zu erfüllen.

Eröffnung: die erste Ansage beim Bietprozeß machen.

erste Zone: man ist in der ersten Zone oder Nichtgefahr, solange man noch nicht die erste Manche erreicht hat.

Expaß: das Spielen einer kleinen Karte aus der Hand zu einer Figur des Tisches oder umgekehrt in der Hoffnung, bei günstiger Verteilung mit der Figur einen Stich zu machen.

Faller: Stich oder Stiche, die der Alleinspieler in einem gefallenen oder verlorenen Spiel noch hätte machen müssen, um den Kontrakt zu er-füllen.

Farbkontrakt: ein Spiel, das eine der vier Farben Pik, Coeur, Karo oder Treff zur Trumpffarbe hat.

Farbüberruf: eine Verteidigungsansage; einen einfachen Farbüberruf macht man mit einem Blatt, das weniger als Eröffnungsstärke hat; einen Sprung-überruf macht man mit einem Blatt mit guter Eröffnungsstärke und starker Trumpffarbe (z. B. Nord: »1 Pik« — Ost: »3 Treff«).

Farbwert: jede Farbe hat einen Stichwert; er beträgt für die Oberfarben Pik und Coeur je 30, für die Unterfarben Karo und Treff je 20, für den ersten Stich in Sans Atout 40 und jeden weiteren SA-Stich 30.

Figuren: siehe Honneurs.

Figurenpunkte: Punktwert der Figuren zur Bewertung der Blattstärke.

Figurenstich: ein Stich, der von einer der hohen Figuren gewonnen wird.

fit: ein guter »fit« ist vorhanden, wenn die Blätter zweier Partner sehr gut zusammenpassen.

forcieren, Forcing: eine Ansage machen, die den Partner zum Weiterreizen zwingt.

Gabel: eine unterbrochene Folge von Figuren in einer Hand, zum Beispiel As-Dame.

Gebot: eine Ansage.

Gefahrenzone: wenn ein Paar eine Anschrift von 100, also eine Manche, erreicht hat, ist es aus der ersten in die zweite Zone oder Gefahrenzone gekommen; Faller werden jetzt besonders hoch bestraft.

Gerber-Konvention: die Asfrage mit »4 Treff«; siehe auch Asfrage.

Großschlemm: Kontrakt auf der Siebenerstufe, das heißt, der Alleinspieler verpflichtet sich, alle 13 Stiche zu machen.

Hand: a) siehe unter Blatt.

b) das Blatt des Alleinspielers, das er in der Hand hält; Gegensatz: Tisch.

Hebung: das Wiederholen der partnerischen Ansage auf höherer Stufe.

Hochansage: eine Eröffnung auf der Dreier- oder Viererstufe, die den Gegner daran hindert, sich auf niedriger Stufe zu verständigen.

hochspielen: eine Farbe so lange spielen, bis der Gegner keine Karten in dieser Farbe mehr hat und die eigenen kleinen Karten dadurch zu Stechkarten werden.

Honneurs; Honneurkarten: die Figuren As, König, Dame, Bube und die Zehn, die fünf höchsten Karten jeder Farbe also.

Impaß, impassieren: das Spielen einer kleinen Karte zur Gabel, um einen zusätzlichen Stich zu machen.

Informationskontra: Kontra nach der Eröffnung des Gegners, um dem Partner anzuzeigen, daß man auch Eröffnungsstärke besitzt.

kalt: ein Kontrakt ist »kalt«, das heißt er ist absolut sicher.

Kleinschlemm: Kontrakt auf der Sechserstufe; der Alleinspieler verpflichtet sich, 12 Stiche zu machen.

Kontra: siehe Informationskontra, Strafkontra.

Kontrakt: das in Farbe oder SA und in der Anzahl der Stiche festgelegte Spiel, zu dessen Erfüllung sich ein Paar in der in der Reizung verpflichtet hat.

Konvention: künstliches Gebot oder Gebote mit feststehender, jedoch allgemein bekannter Bedeutung; jede Konvention findet immer nur in einer ganz bestimmten Bietsituation Anwendung.

Kürze: wenig Karten in einer Farbe halten, zum Beispiel ein Double.

Länge: mindestens eine Viererlänge in einer Farbe halten.

Längenstich: einen Stich machen in einer Farbe, in der der Gegner keine Karten mehr hat.

Linie: ein Partnerpaar, also Ost-West oder Nord-Süd.

Lizit, Lizitation: siehe Bietprozeß

Majorfarben: siehe Edelfarben.

Manche: ein volles Spiel, dessen Wert 100 erreicht oder übersteigt; eine Manche kann auch aus mehreren Teilspielen von jeweils geringerem Wert zusammengesetzt sein.

Minorfarben: siehe unedle Farben.

Nichtgefahr: siehe erste Zone.

Oberfarben: siehe Edelfarben.

Ohne-Trumpf-Spiel: ein Spiel ohne Trumpffarbe, ein Sans-Atout-Spiel.

Partie: siehe Manche.

passen: kein Gebot abgeben.

Prämie: Punkte, die nicht für Stiche, sondern für den Gewinn bestimmter Spiele unter bestimmten Voraussetzungen gutgeschrieben werden.

Präventivansage: siehe Hochansage.

Punkte, Punktwert: siehe Figurenpunkte, Verteilungspunkte, Stichwertpunkte.

Rebid: das Wiedergebot, die zweite Ansage des Eröffners.

Reizung, Reizvorgang: siehe Bietprozeß.

Rekontra, rekontrieren: wenn man trotz Kontra der Gegenpartei überzeugt ist, das Spiel zu gewinnen, kann man rekontrieren, das Kontra zurückgeben; der Wert des Spieles wird dadurch nochmals verdoppelt, insgesamt also vervierfacht.

Rubber: eine Spielrunde, die es zu gewinnen gilt, bestehend aus zwei vollen Spielen eines Partnerpaares von je mindestens 100 Punkten.

Rundpaß: wenn bereits in der ersten Bietrunde alle vier Spieler passen, also keiner ein Eröffnungsgebot abgibt.

Sans Atout: Spiel ohne Trumpffarbe.

Schlemm: siehe Kleinschlemm, Großschlemm.

schnappen, Schnappstich: trumpfen, einen Stich mit einer Trumpfkarte nehmen.

schneiden, Schnitt: siehe impassieren, Impaß.

schwache Antwort: eine Ansage auf das partnerische Gebot, die die Schwäche des eigenen Blattes zum Ausdruck bringt.

Score, scoren: siehe Anschrift, anschreiben.

Sequenz: eine Folge von Figuren, zum Beispiel Dame, Bube, Zehn.

Semiforcing: starke Zwei-Eröffnung mit 8 bis 9 Spielstichen.

signalisieren: durch Zugabe einer unnötig hohen Karte Interesse an der ausgespielten Farbe zeigen.

Single: eine Einzelkarte in einer Farbe des Blattes.

Sperransage: siehe Hochansage.

Spielabschnitt: siehe Rubber.

Sprungreizung: eine Ansage, bei der man eine oder mehrere Bietstufen überspringt.

Sprungüberruf: siehe Farbüberruf.

starke Antwort: eine Ansage auf das partnerische Gebot, die die Stärke des eigenen Blattes unterstreicht.

Stechkarte: eine Karte, mit der ein Stich genommen wird.

Stichwert, Stichwertpunkte: jede Farbe hat einen Stichwert, auch Farbwert genannt (siehe dort); der Farbwert malgenommen mit der Anzahl der erzielten oder zu erzielenden Stiche ergibt die Stichwertpunkte eines Spiels; der Alleinspieler darf sie sich anschreiben, wenn er den Kontrakt erfüllt.

Strafkontra: ein Kontra, am Ende der Reizung gegeben, wenn man überzeugt ist, daß der Alleinspieler das angesagte Spiel verlieren wird; der Wert des Spiels verdoppelt sich dadurch.

Strohmann: siehe Dummy.

Teiler: derjenige, der das Kartenpaket austeilt.

Teilspiel, Teilkontrakt: ein Spiel, dessen Wert unter 100 liegt.

Tisch: siehe Dummy.

Überruf: siehe Farbüberruf.

Überstich: Stich oder Stiche, die der Alleinspieler über seinen Kontrakt hinaus noch zusätzlich macht.

unausgeglichenes Blatt: ein Blatt, das Längen und Kürzen aufweist, also uneinheitlich in der Verteilung ist.

unedle Farben, Unterfarben: die Farben Karo und Treff; sie haben den Farbwert 20.

Unterstich: siehe Faller.

Verlierer, Verlustkarten: Karten, mit denen kein Stich zu machen ist, die also vom Gegner gestochen werden.

Verteidigungsansage: eine Ansage nach gegnerischer Eröffnung; siehe auch Farbüberruf, Informationskontra.

Verteilungspunkte: der Wert von Kürzen oder Längen in Punkten ausgedrückt.

volles Spiel: siehe Manche.

Wiedergebot: siehe Rebid.

wiederholbare Farbe: eine Farbe, die aufgrund ihrer Länge und Stärke mehr als einmal ansagbar ist.

Zweifärber: ein Blatt, das in zwei Farben Längen aufweist.

zweite Zone: siehe Gefahrenzone.

Spiele Bibliothek

...damit das Spielen Spaß macht!

- Kartenspiele (2001)
- Spielend Schach lernen (2002)
- Patiencen in Wort und Bild (2003)
- Spieltechnik im Bridge (2004)
- Alles über Skat (2005)
- Gesellschaftsspiele für drinnen und draußen (2006)
- Würfelspiele (2007)
- Backgammon für Anfänger und Könner (2008)
- Kinderspiele, die Spaß machen (2009)
- Kartentricks (2010)
- Spiele für Kleinkinder (2011)
- Spielend Bridge lernen (2012)
- Glücksspiele mit Kugel, Würfel und Karten (2013)
- Spielen mit Rudi Carell (2014)
- Schafkopf Doppelkopf (2015)
- Mini-Spiele für unterwegs und überall (2016)
- Zaubern (2018)
- Knobeleien + Denksport (2019)
- Das japanische Brettspiel Go (2020)
- Spiele für Theke und Stammtisch (2021)
- Neue Spiele für Ihre Party (2022)
- Rate mal (2023)
- Alles über Pokern (2024)
- Rommé und Canasta (2025)
- Besser Bridge spielen (2026)
- Neue Kartentricks (2027)
- Dame (2028)

Verlags-Verzeichnis

Hobby

Moderne Fotopraxis. Bildgestaltung – Aufnahmepraxis – Kameratechnik – Fotolexikon. (4030) Von Wolfgang Freihen, 304 Seiten, davon 50 vierfarbig, gebunden, mit Schutzumschlag, **DM 29,80**
Moderne Schmalfilmpraxis. Ausrüstungen · Drehbuch · Aufnahme · Schnitt · Vertonung
(4043) Von Uwe Ney, 328 Seiten mit über 200 Abbildungen, teils vierfarbig, Balacron mit vierfarbigem Schutzumschlag, **DM 29,80**
Schmalfilmen. Ausrüstung – Aufnahmepraxis – Schnitt und Ton. (0342) Von Uwe Ney, 100 Seiten, 4 Farbtafeln und 25 Abbildungen, kartoniert, **DM 6,80**
Briefmarken sammeln für Anfänger (0481) Von Dieter Stein, 128 S., mit zahlreichen Abbildungen, kartoniert, **DM 7,80**
Münzen. Ein Brevier für Sammler. (0353) Von Erhard Dehnke, 128 Seiten, 30 Abbildungen – teils farbig, kartoniert, **DM 9,80**
Münzen sammeln nach Motiven. (0480) Von Armin Haug, 176 S., mit 93 Abbildungen, kartoniert, **DM 14,80**
Papiergeld. Ein Brevier für Sammler. (0501) Von Albert Pick, 116 Seiten, 51 Fotos, kartoniert, **DM 9,80**
Ikebana. Band 1: Moribana-Schalenarrangements. (0300) Von Gabriele Vocke, 164 Seiten, 40 großformatige Vierfarbtafeln, 66 Schwarzweißfotos und Graphiken, gebunden, **DM 19,80**
Ikebana. Band 2: Nageire-Vasenarrangements. (0348) Von Gabriele Vocke, 160 Seiten, 32 Farbtafeln, 73 Abbildungen, gebunden, **DM 19,80**
Arbeitsheft zum Lehrbuch Ikebana. (0319) Von Gabriele Vocke, 79 Seiten, 16 Graphiken, kartoniert, **DM 6,80**
Blumengestecke im Ikebanastil. (5041) Von Gabriele Vocke, 64 Seiten mit 37 vierfarbigen Abbildungen und vielen Zeichnungen, kartoniert, **DM 14,80**
Ikebana modern. (4031) Von Gabriele Vocke, 168 Seiten, davon 40 ganzseitige Vierfarbtafeln und mit vielen Zeichnungen, Ganzleinen mit vierfarbigem cellophaniertem Schutzumschlag, **DM 36,–**
Blumen arrangieren. Zauberhafte Gestecke im Ikebana-Stil. (4049) Von Gabriele Vocke, 160 Seiten mit 31 Farbtafeln und über 70 Zeichnungen, gebunden mit Schutzumschlag, **DM 36,–**
Bauernmalerei – leicht gemacht. (5039) Von Senta Ramos, 64 Seiten, 78 vierfarbige Abbildungen, Pappband, **DM 9,80**
Hobby-Bauernmalerei. (0436) Von Senta Ramos und Jo Roszak, 80 Seiten mit 116 Farbabbildungen und 28 Motivvorlagen, kartoniert, **DM 13,80**
Bauernmalerei als Kunst und Hobby. (4057) Von Arbo Gast und Hannie Stegmüller, 128 Seiten, 239 Farbfotos und 26 Riß-Zeichnungen, gebunden, mit vierfarbigem Schutzumschlag, **DM 29,80**
Arbeiten mit Ton. (5048) Von Johann Fricke, Fernsehbegleitbuch, 128 Seiten mit 166 Schwarzweißfotos und 15 Farbtafeln, kartoniert, **DM 14,80**
Töpfern als Kunst und Hobby (4073) Von Johann Fricke, 132 S., davon 37 vierfarb., 222 Schwarzweißfotos, gbd., mit Schutzumschlag, **DM 29,80**
Keramik kreativ gestalten. (5072) Von Ewald Stark, 64 Seiten, 117 Farbfotos und 2 Zeichnungen, Pappband, **DM 9,80**
Zinngießen leicht gemacht. (5076) Von Käthi Knauth, 64 Seiten, 85 Farbfotos, Pappband, **DM 9,80**
Modellieren mit selbsthärtendem Material. (5085) Von Klaus Reinhardt, 64 Seiten, 93 Farbfotos, Pappband, **DM 9,80**

Falken Verlag GmbH · Postfach 1120 · D-6272 Niedernhausen/Ts. · Tel. 0 61 27/30 11-15 · Telex 04-186 585 fves d

Hobby Holzschnitzen. Von der Astholzfigur zur Vollplastik. (5101) Von Heinz-D. Wilden, 112 Seiten, farbige und schwarzweiße Abbildungen und Skizzen, ca. **DM 12,80***

Schmuck und Objekte aus Metall und Email (5078) Von Johann Fricke, 120 Seiten, 183 farbige und schwarzweiße Abbildungen, kartoniert, **DM 16,80**

Hinterglasmalerei – leicht gemacht. (5062) Von Horst Hennicke, 64 Seiten, 63 Abbildungen, 2 Zeichnungen, durchgehend vierfarbig, Pappband, **DM 9,80**

Transparente Glasmalerei – leicht gemacht. (5064) Von Felizitas Krettek, 64 Seiten mit 62 vierfarbigen Abbildungen, Pappband, **DM 9,80**

Ölmalerei leicht gemacht. (5073) Von Heiner Karsten, 64 Seiten, 62 Farbfotos, Pappband, **DM 9,80**

Naive Malerei leicht gemacht. (5083) Von Felizitas Krettek, 64 Seiten, 76 Farbfotos, Pappband, **DM 9,80**

Stoffmalerei und Stoffdruck leicht gemacht. (5074) Von Heide Gehring, 64 Seiten, 110 Farbfotos, Pappband, **DM 9,80**

Zugeschaut und mitgebaut Band 1. Helmut Scheuer im Hobby-Keller – ein ZDF-Fernsehbegleitbuch. (5031) Von Helmut Scheuer, 96 Seiten, 218 Farbabbildungen und Schwarzweißfotos, kartoniert, **DM 14,80**

Zugeschaut und mitgebaut Band 2. Helmut Scheuer im Hobby-Keller. (5061) Von und mit Helmut Scheuer, 120 Seiten mit 277 farbigen und schwarzweißen Abbildungen, kartoniert, **DM 14,80**

Zugeschaut und mitgebaut Band 3. (5077) Von Helmut Scheuer, 120 Seiten, 291 farbige und schwarzweiße Abbildungen, kartoniert, **DM 14,80**

Zugeschaut und mitgebaut Band 4. Helmut Scheuer im Hobbykeller. (5093) Von Helmut Scheuer, 120 S., mit 122 farbigen und 113 schwarzweißen Abbildungen, kartoniert, **DM 14,80**

Hobby-Basteln, Freizeit-Werken. (4050) Herausgegeben von Diethelm Reichart, 320 Seiten mit 400 Abbildungen, größtenteils vierfarbig, gebunden, mit Schutzumschlag. **DM 39,–**

Das große farbige Bastelbuch. (4018) Von Friederike Baresel-Anderle, 248 Seiten, über 300 vierfarbige Abbildungen, Pappband, **DM 14,80**

Papier-Basteleien. (0406) Von Lena Nessle, 96 Seiten, 84 Fotos und 70 Zeichnungen, teils zweifarbig, kartoniert, **DM 6,80**

Phantasieblumen aus Strumpfgewebe, Tauchlack, Papier, Federn (5091) Von Ruth Scholz-Peters, 64 S., mit 70 Farbfotos, Pbd., **DM 9,80**

Glückwunschkarten und Kalender selbst basteln. (0467) Von Gertraud Mayr, 95 Seiten, 288 Zeichnungen, kartoniert, **DM 6,80**

Trockenblumen und Gewürzsträuße. (5084) Von Gabriele Vocke, 64 Seiten, 63 Farbfotos, Pappband, **DM 9,80**

Origami – die Kunst des Papierfaltens. (0280) Von Robert Harbin, 160 Seiten, über 600 Zeichnungen, kartoniert, **DM 8,80**

Ferngelenkte Motorflugmodelle – bauen und fliegen. (0400) Von Werner Thies, 184 Seiten mit Zeichnungen und Detailplänen, kartoniert, **DM 12,80**

Flugmodelle bauen und einfliegen. (0361) Von Werner Thies und Willi Rolf, 160 Seiten, 63 Abbildungen und 7 Faltpläne, kartoniert, **DM 9,80**

Ferngelenkte Segelflugmodelle bauen und fliegen. (0446) Von Werner Thies, 176 Seiten, 22 Fotos und 115 Zeichnungen, kartoniert, **DM 14,80**

Schiffsmodelle selber bauen. (0500) Von Dietmar und Reinhard Lochner, 200 Seiten + 2 Faltpläne, 93 Zeichnungen, kartoniert, **DM 14,80**

CB-Code. Wörterbuch und Technik. (0435) Von Richard Kerler, 120 Seiten mit technischen Abbildungen, kartoniert, **DM 7,80**

Findet den ersten Stein! Mineralien, Steine und Fossilien. Grundkenntnisse für Hobby-Sammler. (0437) Von Dieter Stobbe, 96 Seiten, 16 Farbtafeln, 14 Fotos und 10 Zeichnungen, kartoniert, **DM 9,80**

Mineralien und Steine. Farben – Formen – Fundorte. (0409) Von Rudolf Graubner, 144 Seiten mit 90 Farbabbildungen, flexibel kartoniert, **DM 9,80**

Häkeln und Makramee. Techniken – Geräte – Arbeitsmuster. (0320) Von Dr. Marianne Stradal, 104 Seiten mit 191 Abbildungen und Schemata, kartoniert, **DM 6,80**

Makramee. Knüpfarbeiten leicht gemacht. (5075) Von Birte Pröttel, 64 Seiten, 95 Farbfotos, Pappband, **DM 9,80**

Flechten mit Bast, Stroh und Peddigrohr. (5098) Von Hanne Hangleiter, 64 Seiten, 129 Abbildungen, Pappband, **DM 9,80**

Stricken, häkeln, loopen. (0205) Von Dr. Marianne Stradal, 96 Seiten, 100 Abbildungen, kartoniert, **DM 5,80**

Strick mit! Ein Kurs für Anfänger. (5094) Von Birte Pröttel, 120 Seiten, 72 vierfarbige und 188 schwarzweiße Abbildungen, kartoniert, **DM 14,80**

Stoff- und Kuscheltiere stricken, häkeln, nähen (5090) Von Birte Pröttel, 64 S., mit 50 Farbfotos, Pbd., **DM 9,80**

Selbstschneidern – mein Hobby. (0185) Von H. Wohlert, 128 Seiten, 233 Abbildungen, kartoniert, **DM 6,80**

Die Selbermachers renovieren ihre Wohnung. (5013) Von Wilfried Köhnemann, 148 Seiten, 374 Farbabbildungen, Zeichnungen und Fotos, kartoniert, **DM 14,80**

Selbst tapezieren und streichen. (0289) Von Dieter Heitmann, 116 Seiten, 67 Abbildungen, kartoniert, **DM 6,80**

Möbel aufarbeiten, reparieren und pflegen. (0386) Von E. Schnaus-Lorey, 96 Seiten, 104 Fotos und Zeichnungen, kartoniert, **DM 6,80**

Heimwerker-Handbuch. (0243) Von Bernd Käsch, 204 Seiten, 229 Fotos und Zeichnungen, kartoniert, **DM 9,80**

* Neuerscheinung. Preise waren bei Druckbeginn noch nicht endgültig festgelegt.

Sport

Die Erben Lilienthals. **Sportfliegen heute.** (4054) Von Günter Brinkmann, 240 Seiten, 32 Farbtafeln, 176 Schwarzweißfotos, 33 Zeichnungen, mit vierfarbigem Schutzumschlag, gbd., **DM 36,–**

Tennis. Technik – Taktik – Regeln. (0375) Von Harald Elschenbroich, 112 Seiten, 81 Abbildungen, kartoniert, **DM 6,80**

DUNLOP-Führer **Tennis-Hotels** 1979/80 (0489) Von Dr. Werner Jopp, 244 S., kart., **DM 14,80**

Frust und Freud beim Tennis. Psychologische Studien der Spielertypen und Verhaltensweisen. (4079) Von S. H. Cath., A. Kahn, N. Cobb., 176 Seiten gebunden, mit Schutzumschlag, **DM 16,80**

Squash. Ausrüstung – Technik – Regeln. (0389) Von Knut Fricke, 84 Seiten, 90 Abbildungen und Zeichnungen, kartoniert, **DM 9,80**

Tischtennis – modern gespielt, mit TT-Quiz 17:21. (0363) Von Ossi Brucker und Tibor Harangozo, 120 Seiten, 65 Abbildungen, kartoniert, **DM 9,80**

Basketball. Übungen und Technik für Schule und Verein. (0279) Von Chris Kyriasoglou, 116 Seiten mit 252 Übungen zur Basketballtechnik, 186 Fotos und 164 Zeichnungen, kartoniert, **DM 12,80**

Volleyball. Technik – Taktik – Regeln. (0351) Von Henner Huhle, 102 Seiten, 330 Abbildungen, kartoniert, **DM 9,80**
Wasser-Volleyball. (0456) Von Laszlo Sarossi und Karl-Friedrich Schwarz, 80 Seiten, 54 Abbildungen, kartoniert, **DM 12,80**
Eishockey. Technik – Taktik – Regeln. (0414) Von Roman Neumayer, ca. 144 Seiten mit ca. 90 Fotos und Abbildungen, kartoniert, ca. **DM 9,80***
Hockey. Grundschule – Training – Taktik. (0398) Von Horst Wein, 152 Seiten mit vielen Zeichnungen und Fotos, kartoniert, **DM 12,80**
Golf. Ausrüstung – Technik – Regeln. (0343) Von J. Jessop, übersetzt von Heinz Biemer, mit einem Vorwort von H. Krings, Präsident des Deutschen Golf-Verbandes, 160 Seiten, 65 Abbildungen, Anhang der Golfregeln des DGV, kartoniert, **DM 14,80**
Pool-Billard. Hrsg. vom Deutschen Pool-Billard-Bund (0484) Von Manfred Bach, Karl-Werner Kühn, 88 S., mit über 80 Abbildungen, kartoniert, **DM 7,80**
Fibel für Kegelfreunde. (0191) Von G. Bocsai, 80 Seiten, mit über 60 Abbildungen, kartoniert, **DM 4,80**
Beliebte und neue Kegelspiele. (0271) Von Georg Bocsai, 92 Seiten, 62 Abbildungen, kartoniert, **DM 4,80**
Segeln. Ein Anfängerkurs mit vielen Bildern. (0316) Von H. und L. Blasy, 112 Seiten, 92 Fotos und Abbildungen, kartoniert, **DM 6,80**
Segeln. Boote, Manöver, Windsurfen. (5009) Von Horst Müller, 64 Seiten, 42 Farbabbildungen, Pappband, **DM 9,80**
Segeln. (4207) Von Claus Hehner, 96 Seiten, 106 großformatige Farbfotos, Pappband, **DM 19,80**
Windsurfen. Handbuch für Grundschein und Praxis. (5028) Von Calle Schmidt, 64 Seiten, über 50 Abbildungen, durchgehend vierfarbig, Pappband, **DM 9,80**
Angeln. Kleine Fibel für den Sportfischer. (0198) Von E. Bondick, 96 Seiten, mit über 116 Abbildungen, kartoniert, **DM 5,80**
Sportfischen. Fische – Geräte – Technik. (0324) Von Helmut Oppel, 144 Seiten, mit 49 Fotos, Abbildungen und 8 Farbtafeln, kartoniert, **DM 8,80**

Falken-Handbuch Tauchsport. (4062) Von Wolfgang Freihen, 272 Seiten, 252 Farbfotos und Abbildungen, gebunden, mit Schutzumschlag, **DM 29,80**
Tauchen. Grundlagen – Training – Praxis. (0267) Von W. Freihen, 144 Seiten, 71 Fotos und Farbtafeln, kartoniert, **DM 9,80**
Reiten. Vom ersten Schritt zum Reiterglück. (5033) Von Herta F. Kraupa-Tuskany, 64 Seiten mit vielen Farbbildern und Zeichnungen, kartoniert, **DM 9,80**
Reiten im Bild. Dressur – Springen – Gelände. (0415) Von Ute Richter, 168 Seiten, 235 Abbildungen, kartoniert, **DM 9,80**
Voltigieren. Pflicht – Kür – Wettkampf. (0455) Von Josephine Bach, 119 Seiten, 88 Schwarzweißfotos und 4 Farbtafeln, kartoniert, **DM 12,80**
Skischule. Ausrüstung – Technik – Gymnastik. (0369) Von Christine und Richard Kerler, 128 Seiten mit 100 Fotos, kartoniert, **DM 7,80**
Skilanglauf für jedermann. Lernen – Üben – Anwenden. Ein Fernsehbegleitbuch. (5036) Von Prof. Heiner Brinkmann, Sporthochschule Köln, 116 Seiten mit 133 Fotos, kartoniert, **DM 12,80**
Ski-Gymnastik. Fit für Piste und Loipe. (0450) Von Hannelore Pilss-Samek, 104 Seiten, 67 Fotos und 20 Zeichnungen, kartoniert, **DM 6,80**
Schwimm mit! Anfängerkurs für Kinder und Eltern. Ein ZDF-Fernsehbegleitbuch. (5040) Von W. Günter Lingenau und Bärbel Vitt, 64 Seiten, 120 Abbildungen, kartoniert, mit Ringheftung, **DM 9,80**
Babys lernen schwimmen. (0497) Von Jean Fouace, 96 Seiten, 46 Abbildungen, kartoniert, **DM 9,80**
Handball. Technik – Taktik – Regeln. (0426) Von Fritz und Peter Hattig, 144 Seiten, 91 Fotos und 121 Zeichnungen, kartoniert, **DM 9,80**
Fußball. Technik – Regeln – Taktik. (0448) Von Holger Obermann und Peter Walz, 166 Seiten, 93 Fotos, 56 Zeichnungen, kartoniert, **DM 9,80**
Fechten. Florett – Degen – Säbel. (0449) Von Emil Beck, 88 Seiten, 219 Fotos und Zeichnungen, kartoniert, **DM 9,80**
Spaß am Laufen. Jogging für die Gesundheit. (0470) Von Werner Sonntag, 120 Seiten, 36 Abbildungen, kartoniert, **DM 6,80**
Roller-Skating. Rollschuhlaufen. (0518) Von Christa-Maria und Richard Kerler, ca. 96 Seiten, Abbildungen, kartoniert, ca. **DM 6,80***
Auto-Rallyes für jedermann. Planen – ausrichten – mitfahren. (0457) Von Rüdiger Hagelberg, 104 Seiten, kartoniert, **DM 9,80**

* Neuerscheinung. Preise waren bei Druckbeginn noch nicht endgültig festgelegt.

Budo

Jiu-Jitsu. (0065) Von B. Kressel, 84 Seiten, 85 Abbildungen, kartoniert, **DM 5,80**
Ju-Jutsu – waffenlose Selbstverteidigung. Das Beste aus Judo, Karate, Aikido. (0276) Von W. Heim und F. J. Gresch, 156 Seiten, 460 Fotos, kartoniert, **DM 9,80**
Ju-Jutsu 2. Für Fortgeschrittene und Meister. (0378) Von Werner Heim und Franz J. Gresch, 164 Seiten, 708 Abbildungen, kartoniert, **DM 16,80**
Ju-Jutsu 3. Spezial-, Gegen- und Weiterführungstechniken (0485) Von Werner Heim, Franz Josef Gresch, 214 S., mit über 600 Abbildungen, kartoniert, **DM 19,80**
Judo – Grundlagen des Stand- und Bodenkampfes. (4013) Von W. Hofmann, 244 Seiten, 589 Fotos, 2-farbiger Einband, Großformat, gbd., **DM 28,–**
Judo. Grundlagen – Methodik. (0305) Von Mahito Ohgo, 204 Seiten, 1025 Fotos, kartoniert, **DM 14,80**
Judo. Go Kyo-Kampftechniken. (0352) Von Mahito Ohgo, 152 Seiten, 231 Abbildungen, kartoniert, **DM 16,80**
Wir machen Judo. (5069) Von Riccardo Bonfranchi und Ulrich Klocke, 92 Seiten, mit Bewegungsabläufen in cartoonartigen zweifarbigen Zeichnungen, kartoniert, **DM 12,80**
Neue Lehrmethoden der Judo-Praxis. (0424) Von Pierre Herrmann, 223 Seiten, 475 Abbildungen, kartoniert, **DM 16,80**
Karate I. Ein fernöstlicher Kampfsport. (0227) Von Albrecht Pflüger, 136 Seiten, 195 Fotos und Zeichnungen, kartoniert, **DM 9,80**
Karate II. (0239) Von Albrecht Pflüger, 160 Seiten, 452 Abbildungen, kartoniert, **DM 9,80**
Karate für alle. Karate-Selbstverteidigung in Bildern. (0314) Von Albrecht Pflüger, 112 Seiten, 356 Fotos, kartoniert, **DM 8,80**
Karate-Do. Das Handbuch des modernen Karate. (4028) Von Albrecht Pflüger, 360 Seiten, über 1159 Abbildungen, gebunden, **DM 28,–**
Nakayamas Karate perfekt 1. Einführung (0487) Von Masatoshi Nakayama, 144 S., mit 605 Fotos, kartoniert, **DM 19,80**
Nakayamas Karate perfekt 2. Grundtechniken. (0512) Von Masatoshi Nakayama, 136 Seiten, 354 Fotos, 53 Zeichnungen, kartoniert, **DM 19,80**
Kontakt-Karate. Ausrüstung – Technik – Training. (0396) Von Albrecht Pflüger, 5. DAN Karate, 128 Seiten, 238 Fotos, kartoniert, **DM 12,80**
BO-Karate. Kukishin-Ryu – die Techniken des Stockkampfes. (0447) Von Georg Stiebler, 176 Seiten, 424 Fotos und 38 Zeichnungen, kartoniert, **DM 16,80**
Karate für Frauen und Mädchen. Sport und Selbstverteidigung. (0425) Von Albrecht Pflüger, 168 Seiten, 259 Fotos, kartoniert, **DM 9,80**
Kung Fu – Grundlagen, Technik. (0367) Von Bruce Tegner, 182 Seiten, 370 Fotos, kartoniert, **DM 14,80**
Kung-Fu II. Theorie und Praxis klassischer und moderner Stile. (0376) Von Manfred Pabst, 160 Seiten, 330 Abbildungen, kartoniert, **DM 12,80**
Shaolin-Kempo – Kung-Fu. Chinesisches Karate im Drachenstil. (0395) Von Ronald Czerni und Klaus Konrad, 236 Seiten, 723 Abbildungen, kartoniert, **DM 16,80**
Kampfsport Fernost. Kung-Fu – Judo – Karate – Kendo – Aikido (4108) Von Jim Wilson, 88 Seiten, 164 farbige Abbildungen, Pappband, **DM 22,–**
Shuriken · Tonfa · Sai. Stockfechten und andere bewaffnete Kampfsportarten aus Fernost. (0397) Von Andreas Schulz, 96 Seiten, 253 Fotos, kartoniert, **DM 12,80**
Nunchaku. Waffe und Sport – Selbstverteidigung. (0373) Von Albrecht Pflüger, 144 Seiten, 247 Abbildungen, kartoniert, **DM 16,80**
Aikido. Moderne japanische Selbstverteidigung. (0248) Von Gerd Wischnewski, 132 Seiten, 256 Abbildungen, kartoniert, **DM 9,80**
Kendo. Japanisches Stockfechten. (0413) Von Peter Jagemann, 120 Seiten, 170 Abbildungen, kartoniert, **DM 14,80**
Taekwon-Do. Koreanischer Kampfsport. (0347) Von Konstantin Gil, 152 Seiten, 408 Abbildungen, kartoniert, **DM 12,80**
Hap Ki Do. Grundlagen und Techniken koreanischer Selbstverteidigung. (0379) Von Kim Sou Bong, 120 Seiten, 153 Abbildungen, kartoniert, **DM 14,80**
Illustriertes Handbuch des Taekwondo. Koreanische Kampfkunst und Selbstverteidigung (4053) Von Konstantin Gil, 248 Seiten, 1026 Abbildungen gbd., **DM 28,–**.

Budo-Lexikon. 1500 Fachausdrücke fernöstlicher Kampfsportarten. (0383) Von Herbert Velte, 138 Seiten, 95 Abbildungen, kartoniert, **DM 9,80**
Budo-Weisheiten – und praktische Ratschläge. (0408) Herausgegeben von Herbert Velte, 80 Seiten, 8 Zeichnungen, kartoniert, **DM 9,80**
Budo-Karikaturen. Gezeichnete Witze über fernöstliche Kampfsportarten. (0504) Von Herbert Velte und Peter Raab, 112 Seiten, kartoniert, **DM 9,80**
Bruce Lee. Sein Leben und Kampf. Von seiner Frau Linda. (0392) Deutsch von W. Nottrodt, 182 Seiten mit vielen Abbildungen, **DM 16,80**

FALKEN + OHARA. Ein Exklusivabkommen mit dem weltgrößten Budo-Verlag OHARA, USA, ermöglicht es Falken, diese wichtige Produktion nun auch in deutscher Sprache dem Interessierten zugänglich zu machen.

Bruce Lees Jeet Kune Do. (0440) Von Bruce Lee, übersetzt von Hans-Jürgen Hesse, 192 Seiten, mit 105 eigenhändigen Zeichnungen von Bruce Lee, kartoniert, **DM 19,80**
Bruce Lees Kampfstil 1. Grundtechniken (0473)Von Bruce Lee und M. Uyehara, deutsch von Hans-Jürgen Hesse, 109 Seiten, 220 Abbildungen, kartoniert, **DM 9,80**
Bruce Lees Kampfstil 2. Selbstverteidigungs-Techniken (0486) Von Bruce Lee, M. Uyehara, 128 S., mit 310 Fotos, kartoniert, **DM 9,80**
Bruce Lees Kampfstil 3. Trainingslehre. (0503) Von Bruce Lee und M. Uyehara, 112 Seiten, 246 Abbildungen, kartoniert, **DM 9,80**
Dynamische Tritte. Grundlagen für den Freikampf. (0438) Von Chong Lee, übersetzt von Manfred Pabst, 96 Seiten, 398 Fotos, 10 Zeichnungen, kartoniert, **DM 9,80**
Fußwürfe für Judo, Karate und Selbstverteidigung. (0439) Von Hayward Nishioka, übersetzt von Hans-Jürgen Hesse,
96 Seiten, 260 Abbildungen, kartoniert, **DM 9,80**
SAI. Karate-Waffe zur Selbstverteidigung (0472) Von Fumio Demura, deutsch von Hans-Jürgen Hesse, 156 Seiten, 608 Abbildungen, kartoniert, **DM 16,80**

* Neuerscheinung. Preise waren bei Druckbeginn noch nicht endgültig festgelegt.

Wissen und Technik

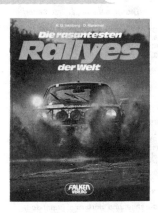

Der Sklave Calvisius. 150 n. Chr. Alltag in einer römischen Provinz (4058) Von Alice Ammermann, Tilman Röhrig, Gerhard Schmidt, 120 S., mit über 100 farbigen und schwarzweißen Abbildungen, Pappband, **DM 19,80**
Antiquitäten-(Ver)führer. Stilkunde – Wert – Echtheitsbestimmung. (5057) Von Margot Lutze, 128 Seiten, über 180 Abbildungen, durchgehend vierfarbig, Pappband, **DM 19,80**
Antiquitäten. (4105) Herausgegeben von Peter Philp, übersetzt von Britta Zorn, 144 Seiten, mit über 250 Abbildungen, davon 43 vierfarbig, gebunden, **DM 19,80**
Orientteppiche. Herkunft – Knüpfkunst – Echtheitsbestimmung. (5046) Von Horst Müller, 64 Seiten, 62 vierfarbige Abbildungen, Pappband, **DM 12,80**
Freizeit mit dem Mikroskop. (0291) Von Martin Deckart, 132 Seiten, 69 Fotos und 4 Zeichnungen, kartoniert, **DM 9,80**
Heiße Öfen. (5008) Von Horst Briel, 64 Seiten, 63 Farbabbildungen, Pappband, **DM 9,80**
Mofas, Mokicks, Heiße Öfen. Steckbriefe der meistgefahrenen Maschinen. (0513) Von Horst Briel, 168 Seiten, 175 farbige und schwarzweiße Abbildungen, kartoniert, **DM 14,80**
Die schnellsten Motorräder der Welt. (4206) Von H. G. Isenberg und Dirk Maxeiner, 96 Seiten, 100 Farbabbildungen, Pappband, **DM 19,80**
Gebrauchtwagenpreise. Auf Basis der Erhebungen von Schwacke. (0490) Hrsg. von Hanns W. Schwacke, 128 S., kart., **DM 7,80**
Gebrauchtwagen-Preise. Frühjahr/Sommer 1980. (0519) Herausgegeben von Hanns W. Schwacke – Eurotax. 160 Seiten, kartoniert, **DM 7,80**
Die schnellsten Autos der Welt. (4201) Von H. G. Isenberg und Dirk Maxeiner, 96 Seiten, 110 Abbildungen, überwiegend vierfarbig, Pappband, **DM 19,80**
Autoreport. Fahrtechnik und Fahrverhalten. (5058) Erarbeitet von der »Arbeitsgruppe Autoreport« unter Leitung von Klaus Schramböhmer, im Hause der Berolina-Film-TV, 71 Seiten, 113 Abbildungen, kartoniert, **DM 9,80**
Die rasantesten Rallyes der Welt (4213) Von Hans G. Isenberg, Dirk Maxeiner, 96 S., mit ca. 100 großformatigen Fotos, Pbd., **DM 19,80**

Die schnellsten Motorboote der Welt. (4210) Von Hans G. Isenberg, 96 Seiten, 104 großformatige Farbfotos, Pappband, **DM 19,80**
Dampflokomotiven. (4204) Von Werner Jopp, 96 Seiten, 134 Farbabbildungen, Pappband, **DM 19,80**
Wärme aus Kälte und Sonne. Moderne Techniken zur Wärmegewinnung. (0453) Von Gottfried Kludas, 176 Seiten, 46 Zeichnungen, kartoniert, **DM 16,80**
Keine Angst vorm Fliegen. (0463) Von Rudolf Braunburg und R. J. Pieritz, 159 Seiten, 15 Farbtafeln, 68 Schwarzweißfotos, kartoniert, **DM 12,80**
Die tollsten Motorflugzeuge aller Zeiten. (4208) Von Richard J. Höhn und Hans G. Isenberg, 96 Seiten, 86 großformatige Farbfotos, Pappband, **DM 19,80**
Zivilflugzeuge. Vom Kleinflugzeug zum Überschalljet. (4218) Von Hans G. Isenberg und Richard J. Höhn, 96 Seiten, 115 großformatige Farbfotos, Pappband, **DM 19,80**

* Neuerscheinung. Preise waren bei Druckbeginn noch nicht endgültig festgelegt.

Pflanzen, Garten, Tiere

Alpenblumen. (4202) Von Kurt Blüchel, 96 Seiten mit 80 Abbildungen, durchgehend vierfarbig, Pbd., **DM 19,80**
Faszination Berg zwischen Alpen und Himalaya (4214) Von Toni Hiebeler, 96 S., mit 100 großformatigen Farbfotos, Pbd., **DM 19,80**
Die farbige Kräuterfibel. (0245) Von Ingrid Gabriel, 196 Seiten, 142 Abbildungen, davon 49 farbig, Taschenbuchformat, gebunden, **DM 12,80**
Großes Kräuter- und Gewürzbuch. (4026) Von Heinz Görz, 584 Seiten, 40 Farbtafeln und 152 Abbildungen, gebunden mit Schutzumschlag, **DM 29,80**
Gemüse und Kräuter. Frisch und gesund aus eigenem Anbau. (5024) Von Mechthild Hahn, 64 Seiten, 71 Abbildungen, durchgehend vierfarbig, Pappband, **DM 9,80**
Arzneikräuter und Wildgemüse erkennen und benennen. (0459) Von Jörg Raithelhuber, 140 Seiten, 108 Farbfotos, kartoniert, **DM 12,80**
Die bunte Welt der Wiesenblumen. (4217) Von Friedrich Jantzen, 96 Seiten, 121 großformatige Farbfotos, Pappband, **DM 19,80**
Bäume und Sträucher erkennen und benennen. (0509) Von Jörg Raithelhuber, ca. 136 Seiten, ca. 100 Farbfotos, kartoniert, ca. DM **14,80***
Beeren und Waldfrüchte. erkennen und benennen – eßbar oder giftig? (0401) Von Jörg Raithelhuber, 136 Seiten, 90 Farbfotos, 40 s/w, kartoniert, **DM 12,80**
Das farbige Pilzbuch. (0215) Von K. und G. Kronberger, 132 Seiten, 105 farbige Abbildungen, gebunden, **DM 12,80**
Pilze erkennen und benennen. (0380) Von J. Raithelhuber, 136 Seiten, 106 Farbfotos, kartoniert, **DM 9,80**
Falken-Handbuch Pilze. Mit über 250 Farbfotos und Rezepten. (4061) Von Martin Knoop, 276 Seiten, 250 Farbfotos, 28 Zeichnungen, gebunden, mit vierfarbigem Schutzumschlag, **DM 36,00**
Fibel für Kakteenfreunde. (0199) Von H. Herold, 92 Seiten, 8 Farbtafeln, kartoniert, **DM 6,80**
Kakteen. Herkunft, Anzucht, Pflege. (5021) Von Werner Hoffmann, 64 Seiten, 70 Abbildungen, durchgehend vierfarbig, Pappband, **DM 9,80**
Faszinierende Formen und Farben Kakteen. (4211) Von Katharina und Franz Schild, 96 Seiten, 127 großformatige Farbfotos, Pappband, **DM 19,80**
Sukkulenten. Mittagsblumen, Lebende Steine, Wolfsmilchgewächse u. a. (5070) Von Werner Hoffmann, 64 Seiten, 82 Farbabbildungen, Pappband, **DM 9,80**
Orchideen. Eigenart – Schnittblumen – Topfkultur – Pflege. (5038) Von Dr. Gustav Schoser, 64 Seiten, 75 Farbfotos, Pappband, **DM 9,80**
Orchideen. (4215) Von Dr. Gustav Schoser, 143 S., mit 143 großform. Farbfotos, Pbd., **DM 19,80**
Zimmerpflanzen. (5010) Von Inge Manz, 64 Seiten, 98 Farbabbildungen, Pappband, **DM 9,80**
Hydrokultur. Pflanzen ohne Erde – mühelos gepflegt. (4080) Von Hans-August Rotter, ca. 120 Seiten, ca. 80 farbige und schwarzweiße Abbildungen und Zeichnungen, Pappband, ca. **DM 19,80***
Balkons in Blütenpracht zu allen Jahreszeiten. (5047) Von Nikolaus Uhl, 64 Seiten, 82 vierfarbige Abbildungen, Pappband, **DM 9,80**
Frühbeet und Kleingewächshaus. (5055) Von Dr. Gustav Schoser, 64 Seiten, 43 Farbfotos, durchgehend vierfarbig, Pappband, **DM 12,80**
Blumenpracht im Garten. (5014) Von Inge Manz, 64 Seiten, 93 Abbildungen, durchgehend vierfarbig, Pappband, **DM 9,80**

Rosen. Arten – Pflanzung – Pflege. (5065) Von Inge Manz, 64 Seiten, 60 Farbfotos, 1 Zeichnung, Pappband, **DM 9,80**
Ziersträucher und -bäume im Garten. (5071) Von Inge Manz, 64 Seiten, 91 Farbabbildungen, Pappband, **DM 12,80**
Steingärten. Anlage – Pflanzen – Pflege (5092) Von Martin Haberer, 64 S., mit 90 Farbfotos, Pappband, **DM 9,80**
Der Obstgarten. Pflanzung · Pflege · Baumschnitt · Neuheiten. (5100) Von Joachim Zech, 64 Seiten, ca. 60 Farbfotos, Pappband, **DM 9,80***
Gärtnern. (5004) Von Inge Manz, 64 Seiten, 38 Farbabbildungen, Pappband, **DM 9,80**
Der Garten. Das moderne illustrierte Standardwerk (4044) Von Gerhard Bambach, unter Mitarbeit von Ulrich Kaiser, Wolfgang Velte und Joachim Zech, 826 Seiten mit über 800 Abbildungen und Gartenskizzen, teils vierfarbig, gebunden mit Schutzumschlag. **DM 39,–**
Das Gartenjahr. Arbeitsplan für draußen und drinnen. (4075) Von Gerhard Bambach, 152 Seiten, 16 Farbtafeln, viele Abbildungen, kartoniert, **DM 9,80**

Tiernamen-ABC für Züchter und Tierfreunde. (0372) Von Hans Schiefelbein, 104 Seiten, kartoniert, **DM 7,80**
Das Aquarium. Einrichtung, Pflege und Fische für Süß- und Meerwasser. (4029) Von Hans J. Mayland. 334 S. mit über 415 Farbabbildungen u. Farbtafeln sowie 150 Zeichnungen u. Skizzen, Balacron mit vierfarbigem Schutzumschlag, abwaschbare Polyleinprägung, **DM 36,–**
Das Süßwasser-Aquarium. Einrichtung – Pflege – Fische – Pflanzen. (0153) Von W. Baehr und H. J. Mayland, 132 Seiten, 163 Zeichnungen und 8 Farbtafeln, kartoniert, **DM 7,80**
Das Meerwasser-Aquarium. Einrichtung – Pflege – Fische und niedere Tiere. (0281) Von Hans J. Mayland, 146 Seiten, 258 Abbildungen, davon 30 farbig, kartoniert, **DM 9,80**
Aquarienpflanzen. Alles über den Unterwassergarten. (5032) Von Hans J. Mayland, 64 Seiten, über 100 Farbfotos und Zeichnungen, Pappband, **DM 14,80**
Aquarienfische des tropischen Süßwassers. (5003) Von Hans J. Mayland, 64 Seiten, 98 Farbabbildungen, Pappband, **DM 9,80**
Süßwasser-Aquaristik. Exotische Welt im Glas. (5080) Von Lothar Scheller, 64 Seiten, 67 Farbfotos und Zeichnungen, Pappband, **DM 12,80**
Süßwasser-Aquarienfische (4212) Von Burkard Kahl, 96 Seiten, 108 großformatige Farbfotos, Pappband, **DM 19,80**
Das Terrarium. (4069) Von Burkard Kahl, Paul Gaupp, Dr. Günter Schmidt, 336 S., mit 215 farb. Abb., gbd., mit vierfarb. Schutzumschl., **DM 39,–**
Amphibien und Reptilien im Terrarium. Lebensgewohnheiten – Arten – Pflege. (5056) Von Kurt Rimpp, 64 Seiten, 70 Farbabbildungen, 19 Zeichnungen, durchgehend vierfarbig, Pappband, **DM 12,80**
Die lieben Haustiere. (5023) Von Justus Pfaue, 92 Seiten mit vielen Abbildungen, kartoniert, **DM 12,80**
Das neue Hundebuch. (0009) Von W. Busack, überarbeitet von Dr. med. vet. A. Hacker, 104 Seiten, zahlreiche Abbildungen auf Kunstdrucktafeln, kartoniert, **DM 6,80**
Hunde-Ausbildung. Verhalten – Gehorsam – Abrichtung. (0346) Von Prof. Dr. R. Menzel, 96 Seiten, 18 Fotos, kartoniert, **DM 7,80**
Der deutsche Schäferhund. (0073) Von Dr. Hacker, 104 Seiten, 24 Abbildungen auf Kunstdrucktafeln, kartoniert, **DM 6,80**
Falken-Handbuch Der Deutsche Schäferhund. (4077) Von Ursula Förster, ca. 240 Seiten, ca. 150 farbige und schwarzweiße Abbildungen sowie Zeichnungen, gebunden mit Schutzumschlag, ca. **26,80***
Hunde. Rassen – Erziehung – Haltung. (4209) Von Horst Bielfeld, 96 Seiten, 101 großformatige Farbfotos, Pappband, **DM 19,80**
Das neue Katzenbuch. Rassen – Aufzucht – Pflege. (0427) Von Brigitte Eilert-Overbeck, 128 Seiten, 14 Farbfotos und 26 schwarzweiß, kartoniert, **DM 7,80**
Katzen. Rassen · Haltung. Pflege · (4216) Von Brigitte Eilert-Overbeck, 96 Seiten, 82 großformatige Farbfotos, Pappband, **DM 19,80**
Vögel. Ein Beobachtungs- und Bestimmungsbuch. (0290) Von Dr. Winfried Potrykus, mit Zeichnungen von Ursula Grawert, 120 Seiten, 233 Abbildungen, davon 160 farbig, Pappband, **DM 12,80**
Ziervögel in Haus und Voliere. Arten – Verhalten – Pflege. (0377) Von Horst Bielfeld, 144 Seiten, 32 Farbfotos, kartoniert, **DM 9,80**
Schmetterlinge. Tagfalter Mitteleuropas erkennen und benennen. (0510) Von Thomas Ruckstuhl, 136 Seiten, ca. 100 Farbfotos, kartoniert, ca. **DM 14,80***
Ponys. Rassen, Haltung, Reiten (4205) Von Stefan Braun, 96 Seiten mit 84 Farbabbildungen, Pappband **DM 19,80**

* Neuerscheinung. Preise waren bei Druckbeginn noch nicht endgültig festgelegt.

Essen und Trinken

Selbst Brotbacken mit über 50 erprobten Rezepten. (0370) Von Jens Schiermann, 80 Seiten, 6 Zeichnungen, 4 Farbtafeln, kartoniert, **DM 6,80**
Brotspezialitäten backen und kochen (5088) Von Jack W. Hochscheid, Lutz Helger, 64 S., mit 50 Farbfotos, Pbd., **DM 9,80**
Schönes Hobby: Backen. Erprobte Rezepte mit modernen Backformen. (0451) Von Elke Blome, 96 Seiten, 8 Farbtafeln, kartoniert, **DM 6,80**
Waffeln süß und pikant. (0522) Von Christiane Stephan, 64 Seiten, 4 Farbtafeln, kartoniert, **DM 6,80**
Kleingebäck. Plätzchen – Kekse – Guetzli (5089) Von Margrit Gutta, 64 S., mit 50 Farbfotos, Pbd., **DM 9,80**
Kuchen und Torten. (5067) Von Klaus Groth, 64 Seiten mit 42 Abbildungen, durchgehend vierfarbig, Pbd., **DM 9,80**
Gesunde Kost aus dem Römertopf. (0442) Von Jutta Kramer, 128 Seiten, 8 Farbtafeln, 13 Zeichnungen, kartoniert, **DM 7,80**
Gesund kochen – wasserarm und fettfrei. (4060) Von Margrit Gutta, 240 Seiten, 16 Farbtafeln, Pappband, **DM 19,80**
Salate für alle Gelegenheiten. (5002) Von Elke Fuhrmann, 64 Seiten, 47 Abbildungen, durchgehend vierfarbig, Pappband, **DM 9,80**
88 köstliche Salate. (0222) Von Christine Schönherr, 104 Seiten, 8 Farbtafeln, kartoniert, **DM 6,80**
Miekes Kräuter- und Gewürzkochbuch. (0323) Von Irmgard Persy und Klaus Mieke, 96 Seiten, 8 Farbtafeln, kartoniert, **DM 6,80**
Natursammlers Kochbuch. Wildfrüchte und -gemüse, Pilze, Kräuter – finden und zubereiten. (4040) Von Christa-Maria Kerler, 140 Seiten, 12 Farbtafeln, Pbd. mit vierfarbigem Überzug, **DM 19,80**
Kräuter- und Heilpflanzen-Kochbuch. (4066) Von Pia Pervenche, 152 Seiten, 15 Farbtafeln, in flexiblem Karton gebunden, **DM 9,80**
Garen im Herd. Rezepte für Brattöpfe. (0345) Von Eva Exner, 96 Seiten, 8 Farbtafeln, kartoniert, **DM 6,80**
Schnell gekocht – gut gekocht mit vielen Rezepten für Schnellkochtöpfe und Schnellbratpfannen. (0265) Von Irmgard Persy, 96 Seiten, 8 Farbtafeln, kartoniert, **DM 6,80**
Soßen. Die Krönung der feinen Küche. (0357) Von Giovanni Cavestri, 100 Seiten, 14 Farbtafeln, kartoniert, **DM 9,80**
Hobby-Kochbuch für Tiefkühlkost. Bunte TK-Fibel. (0302) Von Ruth Vollmer-Ruprecht, 104 Seiten, 8 Farbtafeln, kartoniert, **DM 6,80**
Einkochen nach allen Regeln der Kunst. (0405) Von Birgit Müller, 96 Seiten, 8 Farbtafeln, kartoniert, **DM 6,80**
Alles über Einkochen, Einlegen, Einfrieren. (4055) Von Birgit Müller, 152 Seiten, 15 Farbtafeln, in flexiblem Karton gebunden, **DM 9,80**
Alles mit Obst. Einkochen – Einlegen – Einfrieren. (0364) Von M. Hoff und B. Müller, 96 Seiten, 8 Farbtafeln, kartoniert, **DM 6,80**
Das neue Mikrowellen-Kochbuch (0434) Von Hermann Neu, 64 Seiten, 4 Farbtafeln, kartoniert, **DM 5,80**
Heißluftherde. Vorteile, Gebrauchsanleitung, Rezepte. (0516) Von Christel Kölmel, ca. 80 Seiten, kartoniert, ca. **DM 6,80***
Fritieren – neu – geruchlos, schmackhaft und gesund. (0365) Von Marianne Bormio, 96 Seiten, 8 Farbtafeln, kartoniert, **DM 6,80**
Fondues. (5006) Von Eva Exner, 64 Seiten, 50 Abbildungen, durchgehend vierfarbig, Pappband, **DM 9,80**
Fondues und fritierte Leckerbissen (0471) Von Stefanie Stein, 80 S., 8 Farbtafeln, kartoniert, **DM 6,80**
Rezepte rund um Raclette und Hobby-Rechaud. (0420) Von Jack W. Hochscheid, 72 Seiten, 8 Farbtafeln, kartoniert, **DM 7,80**
Die neue Grillküche. Garen und backen im Quarz-Grill. (0419) Von Marianne Bormio, 80 Seiten, 8 Farbtafeln, kartoniert, **DM 7,80**
Grillen mit dem Kontaktgrill. (0441) Von Birgit Müller, 80 Seiten, 8 Farbtafeln und 29 Zeichnungen, kartoniert, **DM 7,80**
Leckereien vom Spieß und Grill. (0169) Von J. Zadar, 80 Seiten, 13 Abbildungen, kartoniert, **DM 5,80**
Grillen – drinnen und draußen. (4032) Von Claus Arius, 100 Seiten, 35 Farbabbildungen, gebunden, **DM 19,80**
Grillen – drinnen und draußen. (4047) Von Claus Arius, 152 Seiten, 30 Farbtafeln, in flexiblem Karton gebunden, **DM 9,80**
Grillen. (5001) Von Inge Zechmann, 64 Seiten, 38 Abbildungen, durchgehend vierfarbig, Pappband, **DM 9,80**
Max Inzingers 111 beste Rezepte. (4041) Von Max Inzinger, 124 Seiten, 35 Farbtafeln, kartoniert, **DM 19,80**
(4042) Gebundene Luxusausgabe mit Balacron und Goldprägung, **DM 26,–**

Der lachende Feinschmecker. Fred Metzlers Rezepte mit Pointen (0475) Von Fred Metzler, 136 S., mit Zeichnungen von Ferry Ahrlé, Pappband, **DM 12,80**
Kulinarische Genüsse für Verliebte. (4071) Von Claus Arius, ca. 112 Seiten, 16 Farbtafeln, gebunden, mit Schutzumschlag, ca. **DM 19,80***
Kalte Platten. (4064) Von Maître Pierre Pfister, 240 Seiten, 135 großformatige Farbfotos, gebunden, mit vierfarbigem Schutzumschlag, **DM 48,–**
Kalte Happen. und Partysnacks (5029) Von Dolly Peters, 64 Seiten, 35 vierfarbige Abbildungen, Pbd., **DM 9,80**
Kalte Platten – Kalte Büffets. (5015) Von Margrit Gutta, 64 Seiten, durchgehend vierfarbig mit 34 Farbabbildungen, Pbd., **DM 9,80**
Kleine kalte Küche für Alltag und Feste. (5097) Von Anneliese und Gerhard Eckert, 64 Seiten, 45 Farbfotos, Pappband, **DM 9,80**
Kalte und warme Vorspeisen. einfach · herzhaft · raffiniert (5045) Von Karin Iden, 64 Seiten, 43 vierfarbige Abbildungen, Pbd., **DM 9,80**
Desserts. (5020) Von Margrit Gutta, 64 Seiten mit 38 Abbildungen, durchgehend vierfarbig, Pbd., **DM 9,80**
Fischküche. kalt und warm · mild und herzhaft (5052) Von Heidrun Gebhardt, 64 Seiten, 36 Abbildungen, durchgehend vierfarbig, Pbd., **DM 9,80**
Raffinierte Steaks. und andere Fleischgerichte (5043) Von Gerhard Eckert, 64 Seiten, 37 vierfarbige Abbildungen, Pbd., **DM 9,80**
Wild und Geflügel. (4056) Von Christine Schönherr, 256 Seiten, 122 großformatige Farbfotos, gebunden, mit vierfarbigem Schutzumschlag, **DM 48,–**
Geflügel. Die besten Rezepte aus aller Welt. (5050) Von Margrit Gutta, 64 Seiten, 32 Abbildungen, durchgehend vierfarbig, Pappband, **DM 9,80**
Köstliche Pizzas, Toasts, Pasteten. (5081) Von Anneliese und Gerhard Eckert, 64 Seiten, 48 Farbfotos, Pappband, **DM 9,80**
Die besten Eintöpfe und Aufläufe. (5079) Von Anneliese und Gerhard Eckert, 64 Seiten, 49 Farbfotos, Pappband, **DM 9,80**
Nudelgerichte – lecker, locker, leicht zu kochen. (0466) Von Christiane Stephan, 80 Seiten, 8 Farbtafeln, kartoniert, **DM 6,80**
Der schön gedeckte Tisch. (5005) Von Rolf Stender, 64 Seiten, 60 Abbildungen, durchgehend vierfarbig, Pappband, **DM 9,80**
Chinesisch kochen. (5011) Von Karl-Heinz Haß, 64 Seiten, 33 Farbabbildungen, Pbd., **DM 9,80**
Ostasiatische Küche schmackhaft und bekömmlich (5066) Von Taki Sozuki, 64 Seiten, mit 38 Abbildungen, durchgehend vierfarbig, Pbd., **DM 9,80**
Japanische Küche schmackhaft und bekömmlich (5087) Von Hiroko Toi, 64 S., mit ca. 50 Farbfotos, Pbd., **DM 9,80***
Deutsche Spezialitäten. (5025) Von R. Piwitt, 64 Seiten, 37 Abbildungen, durchgehend vierfarbig, Pbd., **DM 9,80**
Italienische Küche. (5026) Von Margrit Gutta, 64 Seiten, 33 Abbildungen, durchgehend vierfarbig, Pbd., **DM 9,80**
Französisch kochen. (5016) Von Margrit Gutta, 64 Seiten, durchgehend vierfarbig mit 35 Farbabbildungen, Pbd., **DM 9,80**
Spanische Küche. (5037) Von Margrit Gutta, 64 Seiten, 35 Abbildungen, durchgehend vierfarbig, Pappband, **DM 9,80**
Nordische Küche. Speisen und Getränke von der Küste. (5082) Von Jutta Kürtz, 64 Seiten, 44 Farbfotos, Pappband, **DM 9,80**
Dänische Küche. Nordische Tafelfreuden (5086) Von Holger Hofmann, 64 S., mit 50 Farbfotos, Pbd., **DM 9,80**

Rund um den Rum. Von der Feuerzangenbowle zum Karibiksteak. (5053) Von Holger Hofmann, 64 Seiten, 32 Abbildungen, durchgehend vierfarbig, Pappband, **DM 9,80**
Großes Getränkebuch. Wein · Sekt · Bier und Spirituosen aus aller Welt, pur und gemixt. (4039) Von Claus Arius, 288 Seiten mit Register, 179 teils großformatige Farbfotos, Balacron mit farbigem celloph. Schutzumschlag, Schuber, **DM 58,–**
Cocktails und Mixereien. (0075) Von J. Walker, 104 Seiten, 25 Zeichnungen, kartoniert, **DM 5,80**
Neue Cocktails und Drinks mit und ohne Alkohol. (0517) Von Siegfried Späth, 128 Seiten, 4 Farbtafeln, Pappband, **DM 9,80**
Mixen mit und ohne Alkohol. (5017) Von Holger Hofmann, 64 Seiten, 35 Abbildungen, durchgehend vierfarbig, Pappband, **DM 9,80**
Tee für Genießer. (0356) Von Marianne Nicolin, 64 Seiten, 4 Farbtafeln, kartoniert, **DM 5,80**
Tee. Herkunft · Mischungen · Rezepte. (0515) Von Sonja Ruske, 96 Seiten, 4 Farbtafeln und viele Abbildungen, Pappband, **DM 9,80**
Rund um den Kaffee (0492) Von Holger Hofmann, ca. 96 S., mit 8 Farbtafeln, kartoniert, ca. **DM 6,80***

* Neuerscheinung. Preise waren bei Druckbeginn noch nicht endgültig festgelegt.

Gesundheit und Schönheit

Der praktische Hausarzt. (4011) Unter Mitarbeit zahlreicher Fachärzte, koordiniert von Dr. Eric Weiser, 718 Seiten, 487 Abbildungen und 16 Farbtafeln, **DM 19,80**
Die Frau als Hausärztin. (4072) Von Dr. med. Anna Fischer-Dückelmann, 808 S., 16 Farbt., 174 Fotos, 238 Zeichn., Subskriptionspreis bis 30. 4. 80 **DM 49,80**, danach **DM 58,–**
Neue Rezepte für Diabetiker-Diät. Vollwertig – abwechslungsreich – kalorienarm. (0418) Von Monika Oehlrich, 120 Seiten, 8 Farbtafeln, kartoniert, **DM 9,80**
Schonkost heute. Vollwertige Ernährung für Gesunde und Magen-, Darm-, Galle-, Leber-Diät. (0360) Von Monika Oehlrich und Ulrike Schubert, 140 Seiten, 8 Farbtafeln, kartoniert, **DM 9,80**
Computer-Menüs zum Schlankwerden. Die 1000-Kalorien-Kost aus dem Computer. (0317) Von Dr. Maria Wagner und Ulrike Schubert, 92 Seiten mit vielen Tabellen, kartoniert, **DM 6,80**
Die neue leckere Diätküche. (5034) Von Ulrike Schubert, 64 Seiten, 30 Rezeptfotos, Pappband, **DM 9,80**
Die Brot-Diät – der Schlankheitsplan ohne Extreme. (0452) Von Prof. Dr. Erich Menden und Waltraute Aign, 92 Seiten, 8 Farbtafeln, kartoniert, **DM 6,80**
Kalorien · Joule. Eiweiß – Fett – Kohlehydrate tabellarisch nach gebräuchlichen Mengen. (0374) Von Marianne Bormio, 88 Seiten, kartoniert, **DM 4,80**
Rohkost – abwechslungsreich – schmackhaft – gesund. (5044) Von Ingrid Gabriel, 64 Seiten, 40 Abbildungen, durchgehend vierfarbig, Pappband, **DM 9,80**
Alles mit Joghurt. tagfrisch selbstgemacht mit vielen Rezepten (0382) Von Gerda Volz, 88 Seiten, 8 Farbtafeln, kartoniert, **DM 7,80**
Koch' mit Köpfchen. Iß das Richtige zum Schlankwerden. (0421) Von Max Inzinger, 92 Seiten, kartoniert, **DM 7,80**
Das große Hausbuch der Naturheilkunde. (4052) Von Gerhard Leibold, 386 Seiten, 18 Farbfotos und 8 schwarz-weiß, 196 Zeichnungen, gebunden mit vierfarbigem Schutzumschlag, **DM 34,–**
Heilkräfte der Natur. (4203) Von Kurt Blüchel, 96 Seiten, 85 Abbildungen, durchgehend vierfarbig, Pappband, **DM 19,80**
Falken-Handbuch Heilkräuter, Modernes Lexikon der Pflanzen und Anwendungen. (4076) Von Gerhard Leibold, 392 Seiten, 183 Farbfotos, gebunden, mit Schutzumschlag, **DM 29,80**
Schönheitspflege. Kosmetische Tips für jeden Tag. (0493) Von Heide Zander, 96 Seiten, Abbildungen, kartoniert, ca. **DM 7,80***
Gesünder schlafen aber wie? (0494) Von Rolf Faller, 96 Seiten, 11 Farbfotos, kartoniert, **DM 8,80**
Eigenbehandlung durch Akupressur. Heilwirkungen – Energielehre – Meridiane. (0417) Von Gerhard Leibold, 152 Seiten, 78 Abbildungen, kartoniert, **DM 9,80**
Hypnose und Autosuggestion. Methoden – Heilwirkungen – Praktische Beispiele (0483) Von Gerhard Leibold, 116 S., kartoniert, **DM 7,80**
Gesund und fit durch Gymnastik. (0366) Von Hannelore Pilss-Samek, 132 Seiten, 150 Abbildungen, kartoniert, **DM 7,80**
10 Minuten täglich Tele-Gymnastik. (5102) Von Beate Mentz und Kafi Biermann, ca. 128 Seiten, ca. 300 Abbildungen, kartoniert, ca. **DM 12,80***
Yoga gegen Haltungsschäden und Rückenschmerzen. Krokodil-Übungen für jung und alt. (0394) Von Alois Raab, 104 Seiten, 215 Abbildungen, kartoniert, **DM 5,80**
Gesundheit und Spannkraft durch Yoga. (0321) Von Dr. Lothar Frank und Ursula Ebbers, 120 Seiten, 50 Fotos, kartoniert, **DM 6,80**
Yoga für Jeden mit Kareen Zebroff. (0341) 156 Seiten, 135 Abbildungen, kartoniert mit Spiralbindung **DM 20,–**
Yoga für Liebhaber (4112) Von John Champ, 60 S., durchgehend vierfarb., mit großform. Fotos, **DM 24,80**
Schön, schlank und fit mit Kareen Zebroff. (0371) 176 Seiten, 126 Abbildungen, kartoniert, **DM 20,–**
Yoga für Mütter und Kinder. (0349) Von Kareen Zebroff, 128 Seiten, 139 Abbildungen, kartoniert, **DM 18,–**

* Neuerscheinung. Preise waren bei Druckbeginn noch nicht endgültig festgelegt.

Briefsteller

Erfolgreiche Kaufmanns-Praxis. Wirtschaftliche Grundlagen, Geld, Kreditwesen, Steuern, Betriebsführung, Recht, EDV (4046) Von Wolfgang Göhler, Herbert Gölz, Manfred Heibel, Dr. Detlev Machenheimer, mit einem Vorwort von Dr. Karl Obermayr, 544 Seiten, geb. mit Schutzumschlag, **DM 34,–**
Moderne Korrespondenz. (4014) Von H. Kirst und W. Manekeller, 570 Seiten, gebunden, **DM 39,–**
Behördenkorrespondenz. Musterbriefe – Anträge – Einsprüche. (0412) Von Elisabeth Ruge, 120 Seiten, kartoniert, **DM 6,80**

Geschäftliche Briefe des Handwerkers und Kaufmanns. (0041) Von A. Römer, 96 Seiten, kartoniert, **DM 5,80**
Privatbriefe Muster für alle Gelegenheiten (0114) Von Irmgard Wolter-Rosendorf, ca. 96 S., kartoniert, **DM 6,80**
Worte und Briefe der Anteilnahme. (0464) Von Elisabeth Ruge, 127 Seiten, mit Abbildungen, kartoniert, **DM 6,80**
Der neue Briefsteller. (0060) Von I. Wolter-Rosendorf, 112 Seiten, kartoniert, **DM 5,80**
Musterbriefe für alle Gelegenheiten. (0231) Herausgegeben von Olaf Fuhrmann, 248 Seiten, kartoniert, **DM 9,80**
Die erfolgreiche Bewerbung. (0173) Von W. Manekeller, 152 Seiten, kartoniert, **DM 8,80**
Erfolgreiche Bewerbungsbriefe und Bewerbungsformen. (0138) Von W. Manekeller, 88 Seiten, kartoniert, **DM 4,80**
Lebenslauf und Bewerbung. Beispiele für Inhalt, Form und Aufbau (0428) Von Hans Friedrich, 112 Seiten, kartoniert, **DM 5,80**
Die Redekunst, Redetechnik, Rednererfolg. (0076) Von Kurt Wolter, überarbeitet von Dr. W. Tappe, 80 Seiten, kartoniert, **DM 4,80**
Großes Buch der Reden und Ansprachen für jeden Anlaß. (4009) Herausgegeben von F. Sicker, 468 Seiten, Lexikonformat, Ganzleinen, **DM 39,–**
Festreden und Vereinsreden. (0069) Von K. Lehnhoff und E. Ruge, 88 Seiten, kartoniert, **DM 4,80**

* Neuerscheinung. Preise waren bei Druckbeginn noch nicht endgültig festgelegt.

Fortbildung und Beruf

Maschinenschreiben durch Selbstunterricht Band 1. (0170) Von A. Fonfara, 84 Seiten mit vielen Abbildungen, kartoniert, **DM 4,80**
Maschinenschreiben durch Selbstunterricht Band 2. (0252) Von Hanns Kaus, 84 Seiten, kartoniert, **DM 5,80**
Stenografie – leicht gelernt. (0266) Von Hanns Kaus, 64 Seiten, kartoniert, **DM 5,80**
Buchführung leicht gefaßt. (0127) Von R. Pohl, 104 Seiten, kartoniert, **DM 7,80**
Rechnen aufgefrischt. (0100) Von H. Rausch, 108 Seiten, kartoniert, **DM 6,80**
Aufgaben lösen und Spiele mit dem Taschenrechner. (5060) Von Peter Fleischhauer, Fernsehbegleitbuch, 120 Seiten, 55 Abbildungen und Zeichnungen, kartoniert, **DM 9,80**
Schülerlexikon der Mathematik. Formeln, Übungen und Begriffserklärungen für die Klassen 5–10. (0430) Von Robert Müller, 176 Seiten, 96 Zeichnungen, kartoniert, **DM 9,80**
Mathematische Formeln für Schule und Beruf. Mit Beispielen ud Erklärungen. (0499) Von Robert Müller, ca. 160 Seiten, 210 Zeichnungen, kartoniert, ca. **DM 9,80***
Aufsätze besser schreiben. Förderkurs für die Klassen 4–10. (0429) Von Kurt Schreiner, 144 Seiten, 4 Fotos und 27 Zeichnungen, kartoniert, **DM 9,80**
Diktate besser schreiben. Übungen zur Rechtschreibung für die Klassen 4 bis 8. (0469) Von Kurt Schreiner, 149 Seiten, kartoniert, **DM 9,80**
Wie behandle ich meinen Chef? (5030) Von Dr. Bernd Gasch und Ulrike Hess, 88 Seiten mit Karikaturen, kartoniert, **DM 9,80**
Einmaleins der Demokratie im sozialen Verwaltungsstaat. (0407) Von Prof. Dr. Richard Bartlsperger, 128 Seiten mit Grafiken und Abbildungen, kartoniert, **DM 9,80**

* Neuerscheinung. Preise waren bei Druckbeginn noch nicht endgültig festgelegt.

Glückwünsche

Trinksprüche, Richtsprüche, Gästebuchverse. (0224) Von D. Kellermann, 80 Seiten, kartoniert, **DM 4,80**
Neue Glückwunschfibel für Groß und Klein. (0156) von Renée Christian-Hildebrandt, 96 Seiten, kartoniert, **DM 4,80**
Großes Buch der Glückwünsche. (0255) Herausgegeben von Olaf Fuhrmann, 240 Seiten, 64 Zeichnungen und viele Gestaltungsvorschläge, kartoniert, **DM 9,80**
Glückwunschverse für Kinder. (0277) Von B. Ulrici, 80 Seiten, kartoniert, **DM 4,80**
Verse fürs Poesiealbum. (0241) Von Irmgard Wolter, 96 Seiten, 20 Abbildungen, kartoniert, **DM 4,80**
Rosen, Tulpen, Nelken . . . **Beliebte Verse fürs Poesiealbum** (0431) Von Waltraud Pröve, 96 Seiten mit Faksimile-Abbildungen, kartoniert, **DM 5,80**
Hochzeitszeitungen. Mit vielen Text- und Gestaltungsanregungen. (0288) Von Hans-Jürgen Winkler, 104 Seiten, 15 Abbildungen, 1 Musterzeitung, kartoniert, **DM 6,80**
Glückwünsche, Toasts und Festreden zur Hochzeit. (0264) Von Irmgard Wolter, 88 Seiten, kartoniert, **DM 4,80**
Kindergedichte zur Grünen, Silbernen und Goldenen Hochzeit. (0318) Von Hans-Jürgen Winkler, 104 Seiten, 20 Abbildungen, kartoniert, **DM 5,80**

Deutsch für Ausländer

Deutsch für Ausländer im Selbstunterricht. Ausgabe für Spanier. (0253) Von Juan Manuel Puente und Ernst Richter, 136 Seiten, 62 Zeichnungen, kartoniert, **DM 9,80**
Deutsch für Ausländer im Selbstunterricht. Ausgabe für Italiener. (0254) Von Italo Nadalin und Ernst Richter, 156 Seiten, 62 Zeichnungen, kartoniert, **DM 9,80**
Deutsch für Ausländer im Selbstunterricht. Ausgabe für Jugoslawen. (0261) Von I. Hladek und Ernst Richter, 132 Seiten, 62 Zeichnungen, kartoniert, **DM 9,80**
Deutsch für Ausländer im Selbstunterricht. Ausgabe für Türken. (0262) Von B. I. Rasch und Ernst Richter, 136 Seiten, 62 Zeichnungen, kartoniert, **DM 9,80**
Deutsch – Ihre neue Sprache. Grundbuch. (0327) Von H. J. Demetz und J. M. Puente, 204 Seiten mit über 200 Abbildungen, kartoniert, **DM 14,80**
Deutsch – Ihre neue Sprache. Lehrerheft. (0328) Von H. J. Demetz und J. M. Puente, 48 Seiten, kartoniert, **DM 5,80**
Glossar **Italienisch.** (0329) Von H. J. Demetz und J. M. Puente, 62 Seiten, kartoniert, **DM 6,80**
Glossar **Spanisch.** (0330) Von H. J. Demetz und J. M. Puente, 62 Seiten, kartoniert, **DM 6,80**
Glossar **Serbo-kroatisch.** (0331) Von H. J. Demetz und J. M. Puente, 62 Seiten, kartoniert, **DM 6,80**
Glossar **Türkisch.** (0332) Von H. J. Demetz und J. M. Puente, 62 Seiten, kartoniert, **DM 6,80**
Glossar **Griechisch.** (0333) Von H. J. Demetz und J. M. Puente, 62 Seiten, kartoniert, **DM 6,80**
Glossar **Portugiesisch.** (0334) Von H. J. Demetz und J. M. Puente, 62 Seiten, kartoniert, **DM 6,80**
Glossar **Arabisch.** (0335) Von H. J. Demetz und J. M. Puente, 62 Seiten, kartoniert, **DM 6,80**
Glossar **Englisch.** (0336) Von H. J. Demetz und J. M. Puente, 62 Seiten, kartoniert, **DM 6,80**
Glossar **Französisch.** (0337) Von H. J. Demetz und J. M. Puente, 62 Seiten, kartoniert, **DM 6,80**
Tonband 13 cm, 9,5 cm/sec., 91 Min., Doppelspur. (0338) **DM 89,–**
2 Compact-Cassetten, 90 Min., einspurig. (0339) **DM 36,–**
135 Diapositive, Texterschließung der Lerneinheiten I–X. (0340) **DM 180,–**

Geselligkeit

Der Gute Ton. Ein moderner Knigge (0063) Von Irmgard Wolter, 168 Seiten, 38 Zeichnungen, kartoniert, **DM 7,80**
Neue Spiele für Ihre Party. (2022) Von Gerda Blechner, mit vielen Zeichnungen von Fee Buttig, 120 Seiten, kartoniert, **DM 7,80**
Partytänze – Partyspiele. (5049) Von Wally Kaechele, 94 Seiten mit 104 Fotos, herausgegeben von der »tanz-illustrierten«, Pbd., **DM 12,80**
Wir geben eine Party. (0192) Von Elisabeth Ruge, 88 Seiten, 8 Farbtafeln, 23 Zeichnungen, kartoniert, **DM 6,80**
So feiert man Feste fröhlicher. (0098) Von Dr. Allos, 96 Seiten, 15 Abbildungen, kartoniert, **DM 5,80**
Tischkarten und Tischdekorationen. (5063) Von Gabriele Vocke, 64 Seiten, 79 Abbildungen, durchgehend vierfarbig, Pappband, **DM 9,80**
Lustige Tanzspiele und Scherztänze. (0165) Von E. Bäulke, 80 Seiten, 53 Abbildungen, kartoniert, **DM 4,80**
Wir lernen tanzen mit dem Ehepaar Fern. (0200) Von Ernst und Helga Fern, 168 Seiten, 125 Fotos und 46 Schrittdiagramme, kartoniert, **DM 8,80**
Tanzstunde. Die 11 Tänze des Welttanzprogramms (5018) Von Gerd Hädrich, 120 Seiten, 372 Fotos und Schrittskizzen, Pbd., **DM 15,–**
Tanzstunde 2. Figuren für Fortgeschrittene. (5027) Von Gerd Hädrich, 72 Seiten, 233 Abbildungen, Pappband, **DM 10,–**
Disco-Tänze (0491) Von Barbara und Felicitas Weber, 104 S., 104 Abbildungen, kartoniert, **DM 6,80**
Sing mit Fischer. (0422) Herausgegeben vom Freundeskreis der Fischer-Chöre, 176 Seiten, 16 Farbtafeln, kartoniert, **DM 9,80**
Die schönsten Volkslieder. (0432) Von Dietmar Walther, 128 Seiten, mit Notenbeispielen und Zeichnungen, kartoniert, **DM 4,80**
Die schönsten Wander- und Fahrtenlieder. (0462) Herausgegeben von Franz R. Miller, 80 Seiten, mit Noten, kartoniert, **DM 4,80**
Die schönsten Berg- und Hüttenlieder. (0514) Herausgegeben von Franz R. Miller, empfohlen vom Deutschen Sängerbund, ca. 128 Seiten, viele Zeichnungen, kartoniert, ca. **DM 4,80***

* Neuerscheinung. Preise waren bei Druckbeginn noch nicht endgültig festgelegt.

Denksport

Der große Rätselknacker. (4022) Über 100 000 Rätselfragen, zusammengestellt von H. J. Winkler, 544 Seiten, Lexikonformat, kartoniert, **DM 19,80**
Großes Rätsel-ABC. (0246) Von H. Schiefelbein, 416 Seiten, gebunden, **DM 16,80**
Rätsel lösen – ein Vergnügen. (0182) Von E. Maier, 240 Seiten, kartoniert, **DM 9,80**
Quiz. (0129) Von R. Sautter und W. Pröve, 92 Seiten, 9 Zeichnungen, kartoniert, **DM 5,80**
Denksport und Schnickschnack für Tüftler und fixe Köpfe. (0362) Von Jürgen Barto, 100 Seiten, 45 Abbildungen, kartoniert, **DM 6,80**
Knobeleien und Denksport. (2019) Von Klas Rechberger, 142 Seiten mit vielen Zeichnungen, kartoniert, **DM 7,80**
Rate mal. Scherzfragen, Ratespiele und -geschichten. (2023) Von Felicitas Buttig, 112 Seiten, 19 Zeichnungen, kartoniert, **DM 9,80**
Scherzfragen, Drudeln und Blödeleien gesammelt von Kindern. (0506) Herausgegeben von Waltraud Pröve, 112 Seiten, 57 Zeichnungen, kartoniert, **DM 5,80**

* Neuerscheinung. Preise waren bei Druckbeginn noch nicht endgültig festgelegt.

Humor

Die besten Witze und Cartoons des Jahres. (0454) Herausgegeben von Karl Hartmann, 288 Seiten, 125 Zeichnungen, gebunden, mit Schutzumschlag, **DM 12,80**
Die besten Witze und Cartoons des Jahres. 2 (0488) Von Karl Hartmann, 288 S., mit zahlr. Zeichnungen, gbd. mit vierfarb. Schutzumschl., **DM 9,80**
Die besten Ärztewitze. (0399) zusammengestellt von Britta Zorn, 272 Seiten mit 42 Karikaturen von Ulrich Fleischhauer, mit vierfarbiger Schutzumschlag, gebunden, **DM 14,80**
Das große Buch der Witze. (0384) 320 Seiten, 36 Zeichnungen von E. Holz, vierfarbiger Schutzumschlag, gebunden, **DM 12,80**
Olympische Witze. Sportlerwitze in Wort und Bild. (0505) Von Wolfgang Willnat, 112 Seiten, 126 Zeichnungen, kartoniert, **DM 5,80**
Die besten Ostfriesenwitze. (0495) Herausgegeben von Onno Freese, 112 Seiten, 17 Zeichnungen, kartoniert, **DM 5,80**
Ostfriesen Allerlei. (0381) Von Timm Bruhns, 104 Seiten, Taschenbuchformat, kartoniert, **DM 4,80**
Fred Metzlers Witze mit Pfiff. (0368) 120 Seiten, Taschenbuchformat, kartoniert, **DM 5,80**
O frivol ist mir am Abend. Pikante Witze von Fred Metzler (0388) Von Fred Metzler, 128 Seiten mit Karikaturen (Taschenbuchformat) kartoniert, **DM 5,80**
Lachen, Witz und gute Laune. (0149) Von E. Müller, 104 Seiten, 44 Abbildungen, kartoniert, **DM 6,80**
Vergnügliches Vortragsbuch. (0091) Von J. Plaut, dem Altmeister des Humors, 192 Seiten, kartoniert, **DM 7,80**
Humor und Stimmung. Ein heiteres Vortragsbuch. (0460) Von Günter Wagner, 112 Seiten, kartoniert, **DM 6,80**
Witze am laufenden Band. (0461) Von Fips Asmussen, 117 Seiten, kartoniert, **DM 5,80**
Lach mit! Witze für Kinder, gesammelt von Kindern. (0468) Herausgegeben von Waltraud Pröve, 128 Seiten, mit Abbildungen, kartoniert, **DM 5,80**
Die besten Tierwitze. (0496) Herausgegeben von Peter Hartlaub und Silvia Pappe, 112 Seiten, 25 Zeichnungen, kartoniert, **DM 5,80**
Witzig, witzig. (0507) Von Erich Müller, 112 Seiten, Zeichnungen, kartoniert, **DM 5,80**
Kritik des Herzens – Gedichte. (3032) Von Wilhelm Busch, 100 Seiten, gebunden, **DM 9,80**
Wilhelm-Busch-Album. Jubiläumsausgabe mit 1700 farbigen Bildern. (3028) 408 Seiten, 1700 durchgehend farbige Bilder, Großformat, in Leinen gebunden, **DM 36,–**
Humoristischer Hausschatz. (3062) Von Wilhelm Busch, 368 Seiten, 1600 Abbildungen, Großformat, gebunden, **DM 19,80**
Robert Lembkes Witzauslese. (0325) Erzählt von Robert Lembke, 160 Seiten, mit 10 Zeichnungen von E. Köhler, gebunden, mit vierfarbigem Schutzumschlag, **DM 14,80**
Lustige Vorträge für fröhliche Feiern, Sketsche, Vorträge und Conferencen für Karneval und fröhliche Feste. (0284) Von K. Lehnhoff, 96 Seiten, kartoniert, **DM 6,80**
Tolle Sachen zum Schmunzeln und Lachen. (0163) Von E. Müller, 92 Seiten, kartoniert, **DM 6,80**
Humor für jedes Ohr. (0157) Von H. Ehnle, 96 Seiten, kartoniert, **DM 6,80**
Fidelitas und Trallala. (0120) Von Dr. Allos, 104 Seiten, viele Abbildungen, kartoniert, **DM 6,80**
Non Stop Nonsens. Sketsche und Witze mit Spielanleitungen. (0511) Von Dieter Hallervorden, 160 Seiten, gebunden, mit Schutzumschlag, **DM 14,80**

Sketsche. (0247) Von Margarete Gering, 132 Seiten, 16 Abbildungen, kartoniert, **DM 6,80**
Vergnügliche Sketche (0476) Von Horst Pillau, 96 S., mit lustigen Zeichnungen, kartoniert, **DM 6,80**
Sketche und spielbare Witze für bunte Abende und andere Feste. (0445) Von Hartmut Friedrich, 120 Seiten, 7 Zeichnungen, kartoniert, **DM 6,80**
Narren in der Bütt. (0216) Zusammengestellt von Th. Lücker, 112 Seiten, kartoniert, **DM 5,80**
Helau + Alaaf. Närrisches aus der Bütt. (0304) Von Erich Müller, 112 Seiten, kartoniert, **DM 6,80**
Helau + Alaaf 2. Neue Büttenreden (0477) Von Edmund Luft, 104 S., kartoniert, **DM 7,80**
Rings um den Karneval. Karnevalsscherze und Büttenreden. (0130) von Dr. Allos, 136 Seiten, kartoniert, **DM 6,80**
Die große Lachparade. (0188) Von E. Müller, 108 Seiten, kartoniert, **DM 6,80**
Damen in der Bütt. Scherze, Büttenreden, Sketsche (0354) Von Traudi Müller, 136 Seiten, kartoniert, **DM 6,80**

* Neuerscheinung. Preise waren bei Druckbeginn noch nicht endgültig festgelegt.

Spielen

Kartenspiele. (2001) Von Claus D. Grupp, 144 Seiten, kartoniert, **DM 7,80**
Neues Buch der Kartenspiele. (0095) Von K. Lichtwitz, 96 Seiten, kartoniert, **DM 5,80**
Spielen mit Rudi Carrell. 113 Spiele für Party und Familie (2014) Von Rudi Carrell, 160 Seiten mit 50 Abbildungen, gebunden, **DM 14,80**
Spieltechnik im Bridge. (2004) Von Victor Mollo/Nico Gardener, deutsche Adaption von Dirk Schröder, 216 Seiten, kartoniert, **DM 16,80**
Spielend Bridge lernen. (2012) Von Josef Weiss, 108 Seiten, kartoniert, **DM 7,80**
Besser Bridge spielen. Reiztechnik, Spielverlauf und Gegenspiel. (2026) Von Josef Weiss, 143 Seiten, mit vielen Diagrammen, kartoniert, **DM 14,80**
Das Skatspiel. (0206) Von K. Lehnhoff, bearbeitet von Alt-Skatmeister P. A. Höfges, 96 Seiten, kartoniert, **DM 5,80**
Alles über Skat (2005) Von Günter Kirschbach, 144 Seiten, kartoniert, **DM 7,80**
Rommé und Canasta in allen Variationen. (2025) Von Claus D. Grupp, 124 Seiten, 24 Zeichnungen, kartoniert, **DM 7,80**
Patiencen in Wort und Bild. (2003) Von Irmgard Wolter, 136 Seiten, kartoniert, **DM 7,80**
Schafkopf, Doppelkopf, Binokel, Cego, Gaigel, Jaß, Tarock und andere. (2015) Von Claus D. Grupp, 152 Seiten, kartoniert, **DM 8,80**
Backgammon für Anfänger und Könner. (2008) Von G. W. Fink und G. Fuchs, 116 Seiten, 41 Zeichnungen, kartoniert, **DM 9,80**
Dame. Das Brettspiel in allen Variationen (2028) Von Claus D. Grupp, 104 S., mit Diagrammen, kartoniert, **DM 9,80**
Gesellschaftsspiele für drinnen und draußen. (2006) Von Heinz Görz, 128 Seiten, kartoniert, **DM 6,80**
Würfelspiele. (2007) Von Friedrich Pruss, 112 Seiten, kartoniert, **DM 7,80**
Mini-Spiele für unterwegs und überall. (2016) Von Irmgard Wolter, 152 Seiten, kartoniert, **DM 9,80**
Spiele für Theke und Stammtisch. (2021) Von Claus D. Grupp, 104 Seiten, 27 Zeichnungen, kartoniert, **DM 6,80**
Kartentricks. (2010) Von T. A. Rosee, 80 Seiten, 13 Zeichnungen, kartoniert, **DM 5,80**

Neue Kartentricks (2027) Von Klaus Pankow, ca. 112 S., mit 20 Abbildungen, kart., **DM 6,80**
Zaubern. einfach – aber verblüffend (2018) Von Dieter Bouch, 84 Seiten mit Zeichnungen, kartoniert, **DM 5,80**
Zaubertricks. Das große Buch der Magie. (0282) Von Jochen Zmeck, 244 Seiten, 113 Abbildungen, kartoniert, **DM 14,80**
Falken-Handbuch Zaubern. Über 400 verblüffende Tricks. (4063) Von Friedrich Stutz, 368 S., über 1200 Zeichnungen, gebunden, mit vierfarbigem Schutzumschlag, **DM 29,80**
Roulette richtig gespielt. (0121) Von M. Jung, 96 Seiten, zahlreiche Tabellen, kartoniert, **DM 6,80**
Glücksspiele mit Kugeln, Würfeln und Karten. (2013) Von Claus D. Grupp, 116 Seiten, kartoniert, **DM 7,80**
Das japanische Brettspiel GO. (2020) Von Winfried Dörholt, 104 Seiten, 182 Diagramme, kartoniert, **DM 9,80**
Das Schachspiel. (0104) Von W. Wollenschläger, 72 Seiten, 65 Diagramme, kartoniert, **DM 5,80**
Neue Schacheröffnungen (0478) Von Theodor Schuster, 108 S., mit 100 Diagrammen, kartoniert, ca. **DM 8,80**
Schach für Fortgeschrittene. Taktik und Probleme des Schachspiels. (0219) Von R. Teschner, 96 Seiten, 85 Schachdiagramme, kartoniert, **DM 5,80**
Spielend Schach lernen. (2002) Von Theo Schuster, 128 Seiten, kartoniert, **DM 6,80**
Schach dem Weltmeister Karpow. (0433) Von Theodor Schuster, 136 Seiten, 19 Abbildungen und 83 Diagramme, kartoniert, **DM 12,80**
Schach. Das Handbuch für Anfänger und Könner (4051). Von Theo Schuster, 360 Seiten mit über 340 Diagrammen, gbd., mit Schutzumschlag, **DM 26,–**
Alles über Pokern. Regeln und Tricks. (2024) Von Claus D. Grupp, 120 Seiten, 29 Kartenbilder, kartoniert, **DM 6,80**
Wir spielen. Hunderte Spiele für einen und viele (4034) Von Heinz Görz, 430 Seiten mit 370 farbigen Zeichnungen, gbd., **DM 26,–**

* Neuerscheinung. Preise waren bei Druckbeginn noch nicht endgültig festgelegt.

Kinderbeschäftigung

Zeitgemäße Beschäftigung mit Kindern. (4025) Von Ingeborg Rathmann, 496 Seiten, 450 Abbildungen, 16 Farbtafeln, **DM 36,–**
Kinderfeste daheim und in Gruppen. (4033) Von Gerda Blecher, 240 Seiten, 320 Abbildungen, Balacroneinband, gbd., **DM 24,80**
Das bunte Rätselbuch für Kinder. (4065) Von Felicitas Buttig, 120 S., durchgehend vierfarb., mit über 100 Zeichnungen, Pbd., **DM 19,80**
Das farbige Kinderlexikon von A–Z. (4059) Herausgegeben von Felicitas Buttig, 392 Seiten, 386 farbige Abbildungen, Pappband, **DM 29,80**
Spiele für Kleinkinder. (2011) Von Dieter Kellermann, 80 Seiten, kartoniert, **DM 5,80**
Kinderspiele, die Spaß machen. (2009) Von Helen Müller-Stein, 112 Seiten, 28 Abbildungen, kartoniert, **DM 6,80**
Kindergeburtstag. Einladung – Vorbereitung – Ablauf. Mit vielen Spiel- und Beschäftigungsvorschlägen. (0287) Von Dr. Ilse Obrig, 104 Seiten, 40 Abbildungen, 11 Zeichnungen, 9 Lieder mit Noten, kartoniert, **DM 5,80**
Tipps und Tapps. Maschinenschreib-Fibel für Kinder. (0274) Von H. Kaus, 48 Seiten, farbige Abbildungen, kartoniert, **DM 4,80**
Lirum, Larum, Löffelstiel. Ein Kinder-Kochkurs. (5007) Von Ingeborg Becker, 64 Seiten mit Abbildungen, durchgehend vierfarbig, Spiralheftung, **DM 9,80**
Kinder lernen spielend kochen. (5096) Von Margrit Gutta, 64 Seiten, 45 Farbfotos, Pappband, **DM 9,80**
Zeichnen lernen mit OSKAR. Kleines Tier-ABC von Affe–Zebra. (5054) Von OSKAR, 64 Seiten, 60 Abbildungen, durchgehend zweifarbig, kartoniert, **DM 5,80**

* Neuerscheinung. Preise waren bei Druckbeginn noch nicht endgültig festgelegt.

Rat & Wissen für die ganze Familie

Wie soll es heißen? (0211) Von Dr. Köhr, 88 Seiten, kartoniert, **DM 5,80**
Vorbereitung auf die Geburt. Schwangerschaftsgymnastik, Atmung, Rückbildungsgymnastik. (0251) Von Sabine Buchholz, 112 Seiten, 98 Fotos, kartoniert, **DM 6,80**
Wenn Sie ein Kind bekommen. (4003) Von Ursula Klamroth, 240 Seiten, 86 Fotos und 30 Zeichnungen, gebunden, mit vierfarbigem Schutzumschlag, **DM 19,80**
Sexualberatung. (0402) Von Dr. Marianne Röhl, 168 Seiten, 8 Farbtafeln und 17 Zeichnungen, Pappband, **DM 19,80**
Scheidung und Unterhalt nach dem neuen Eherecht. (0403) Von Rechtsanwalt H. T. Drewes, 104 Seiten mit Kosten- und Unterhaltstabellen, kartoniert, **DM 7,80**
Erbrecht und Testament. Mit Erbschaftssteuergesetz 1974. (0046) Von Dr. jur. H. Wandrey, 112 Seiten, kartoniert, **DM 6,80**

Der Rechtsberater im Haus. (4048) Von Karl-Heinz Hofmeister, 528 Seiten, gebunden, mit farbigem Schutzumschlag, **DM 39,–**
Mietrecht. Leitfaden für den Mieter und Vermieter (0479) Von Johannes Beuthner, 196 S., kartoniert, **DM 12,80 DM**
Haus oder Eigentumswohnung. Planung · Finanzierung · Bauablauf. (4070) Von Rainer Wolff, ca. 352 Seiten, viele Abbildungen und Skizzen, gebunden, mit Schutzumschlag, ca. **DM 29,80***
Straßenverkehrsrecht. Beispiele · Urteile · Erläuterungen. (0498) Von Johannes Beuthner, ca. 192 Seiten, kartoniert, ca. **DM 12,80***
Advent und Weihnachten. Basteln – Backen – Schmücken – Feiern (4067) Von Margrit Gutta, Hanne Hangleiter, Felicitas Buttig, Ingeborg Rathmann, Gabriele Vocke, 152 S., 15 Farbtafeln, zahlreiche Abb. und Zeichnungen, kart., **DM 9,80**
Mitmenschen-Kompass. Der richtige Weg, sich und andere zu verstehen. (4078) Von Heidelore Kluge, 160 Seiten, gebunden, mit Schutzumschlag, **DM 16,80**
Umgangsformen heute. Die Empfehlungen des Fachausschusses für Umgangsformen. (4015) 312 Seiten, 167 Fotos und 44 Abbildungen, gebunden mit vierfarbigem Schutzumschlag, **DM 24,–**
Von der Verlobung zur Goldenen Hochzeit. Vorbereitung · Festgestaltung Glückwünsche (0393) Von Elisabeth Ruge, 120 Seiten, kartoniert, **DM 6,80**
So deutet man Träume. Die Bildersprache des Unbewußten. (0444) Von Georg Haddenbach, 160 Seiten, Pappband, **DM 9,80**
Die neue Lebenshilfe **Biorhythmik.** Höhen und Tiefen der persönlichen Lebenskurven vorausberechnen und danach handeln. (0458) Von Walter A. Appel, 157 Seiten, 63 Zeichnungen, Pappband, **DM 9,80**
Selbst Wahrsagen mit Karten. Die Zukunft in Liebe, Beruf und Finanzen. (0404) Von Rhea Koch, 112 Seiten mit vielen Abbildungen, Pappband, **DM 9,80**
Wahrsagen mit Tarot-Karten (0482) Von Edwin J. Nigg, ca. 112 S., mit Farbtafeln und Karten, Pappband, **DM 12,80**
Die 12 Sternzeichen. Charakter, Liebe und Schicksal (0385) Von Georg Haddenbach, 160 Seiten, Pbd., **DM 9,80**
Die 12 Tierzeichen im chinesischen Horoskop. (0423) Von Georg Haddenbach, 112 Seiten, kartoniert, **DM 9,80**
Das Super-Horoskop. Der neue Weg zur Deutung von Charakter, Liebe und Schicksal nach chinesischer und abendländischer Astrologie. Ein Leitfaden für alle, die mehr über sich und ihre Mitmenschen wissen wollen. (0465) Von Georg Haddenbach, 175 Seiten, kartoniert, **DM 9,80**
Astrologie. Charakterkunde – Schicksal, Liebe und Beruf – Berechnung und Deutung von Horoskopen – Aszendenttabelle. Von B. A. Mertz, mit einem Geleitwort von Hildegard Knef, (4068) 342 S., mit erläuternden Grafiken, gbd., mit vierfarb. Schutzumschl., **DM 28,–**

* Neuerscheinung. Preise waren bei Druckbeginn noch nicht endgültig festgelegt.

Falls durch besondere Umstände Preisänderungen notwendig werden, erfolgt Auftragserledigung zu dem bei der Lieferung gültigen Preis.

Bestellschein FALKEN VERLAG

Erfüllungsort und Gerichtsstand für Vollkaufleute ist der jeweilige Sitz der Lieferfirma. Für alle übrigen Kunden gilt dieser Gerichtsstand für das Mahnverfahren.
Ich bestelle hiermit aus dem Falken Verlag GmbH, Postfach 1120, D-6272 Niedernhausen/Ts., durch die Buchhandlung:

_____ Ex.
_____ Ex.
_____ Ex.
_____ Ex.

Name:
Straße: Ort:
Datum: Unterschrift: